La otra vida de Daniel

Eva Marcuschamer Stavchansky

Café con Leche

La otra vida de Daniel

por Eva Marcuschamer Stavchansky

© Copyright 2019, Eva Marcuschamer Stavchansky

ISBN 978-1-7328303-4-9

Todos los derechos han sido reservados. No se permite la reproducción total o parcial de este libro, ni su incorporación a un sistema informático, ni su transmisión en cualquier formato, sea este electrónico, mécanico, por fotocopia, por grabación u otros métodos, sin el permiso previo y por escrito de los titulares del copyright.

Publicado por

3 Griffin Hill Court
The Woodlands, TX. 77382
281-465-0119
www.cafeconlechebooks.com

La otra vida de Daniel

Eva Marcuschamer Stavchansky

Daniel:
Desde tu muerte las mañanas son difíciles
y salir de casa por la tarde me enfada.
Me fuerzo a seguir rutinas
a escribir con disciplina y
nada.

El bienestar es efímero, la desesperación inquietante.
Intermitente es la pena, sin descanso ni muerte.
Nuestro amor cobija, pero no es suficiente,
es la vida en espera de sol y neblina
que prometen esperanza.

Agradecimientos

A Jeremy, mi mejor amigo, mi compañero, mi constante.

A mis hijos Ilana y Samuel, los únicos que alcanzan a comprender mi dolor.

A mis hermanos y cuñadas que siempre están.

A mis amigas que me ayudan a pensar.

A mis pacientes que han sido pacientes con mi recuperación.

A Rita Simpson, mi editora y amiga, por ahorrarme algunas releídas, por amortiguarme el dolor y protegerme de mis faltas de concentración.

A Leticia Gómez que creyó en este proyecto.

Contenido

Agradecimientos v

Introducción 1

Primer Capítulo: La Historia 9

Segundo Capítulo: La otra cara del duelo: la esperanza 71

Tercer Capítulo: Los restos emocionales y cómo lidiar con ellos 121

Epílogo 174

Introducción

Tu ausencia está siendo un dolor muy grande. Destruyó mis ilusiones y mis planes para esta nueva etapa en San Francisco, contigo. Tengo la compulsión de pensarte, de hablar de ti; trascender la barrera del tiempo en un intento de mantener mi comunicación contigo y así no perderte jamás. Me imagino que para ello, necesito aprender a vivir dentro de una historia de vida truncada, pues cuando se muere un hijo se pierde mucho con él. Te pienso y extraño a diario, para tolerarlo, trato de desviar mi pensamiento a lo que hicimos juntos y no a lo que nos faltó por vivir.

El duelo de un ser tan amado nos pone en riesgo, mi desconsuelo demuele cualquier ilusión. No todo el tiempo del día lo tengo en mente, pues a un hijo adulto se le deja volar, de él sabemos lo que nos cuenta y en algún momento del día se le piensa o se habla con él.

Ese instante es dolor porque no estás, porque te extraño con una fuerza trastornada que no quiere dejar de pensarte jamás.

Entonces, reflexionar sobre la tragedia cobra nueva importancia e interfiere en nuestro deseo de vivir. Por ello, imagino que trabajar resignificando el amor a distancia para encontrar el timón de la esperanza es una tarea que habré de emprender.

Al igual que los duelos no siguen un orden, este libro tampoco. Sale de mis entrañas y de mi experiencia, de mi dolor y de mi amor, de mi deseo por ayudarme y ayudar a otros a transitar sus duelos. Escribo y reescribo, corto y pego, trato de darle orden en medio de mi conmoción. Me gustaría que mi experiencia llegara a los ajenos, a aquellas madres que han sufrido esta brutal experiencia y a otros jóvenes que en algún momento han pensado en el suicido como opción. Los padres debemos abrir los ojos a los accidentes y a la impulsividad que a nuestros hijos les dictan sus emociones, sin coartarlos ni abandonarlos, preguntando para conocerlos mejor.

Advierto que este libro está escrito en asociación libre, repetir lo que siento tiene la intención de darle énfasis y mostrar como el duelo se vive en un vaivén que voy a presentar más adelante. Uso las cursivas para hablarle a mi hijo pues, desde que murió, *escribirle, platicarle y pensarlo, forman una nueva parte de mi existencia.* Esta idea surge de mi necesidad de mantener una manera diferente de comunicarme con él, pues sin nuestras pláticas no quiero vivir. En texto regular escribiré lo que pienso, lo que siento y lo que voy aprendiendo de esta dolorosa experiencia.

No sé si todos los padres que pierden un hijo a manos del suicidio se puedan identificar conmigo y mis emociones. Sospecho que mucho del quebranto es el mismo, por eso no siento pena de compartirles mi duelo. Los que vibren al leerlo siéntanse acompañados; los que no, sumen sus palabras a las mías generando una cadena de amor.

Aunque sé, por lo que estoy viviendo, que nada logra evaporar la pena que significa perder un hijo, la vida me empuja a sentir esperanza y aguardar. Hasta en los peores días puede que salga el sol y nos ofrezca una nueva oportunidad de vivir.

La muerte del que amamos nos precipita a una tremenda crisis, por eso me ha tomado tiempo escribir este libro, porque la intensidad del dolor necesita tregua; estas treguas duran lo que se necesita para poder continuar. En los momentos en que consigo algún respiro, me doy cuenta que no todo es dolor, entiendo que no todo es dolor.

Confieso que este libro sólo es una parte de la historia. Es imposible saber lo que pasa en la mente de alguien más. Mi hijo ya no está para contarme, pero puedo imaginar que del lugar de donde se aventó pasó los peores días y tomó la decisión más difícil que alguien pueda imaginar.

El primer capítulo está destinado a Daniel. Trataré de hablar de los precursores de mi locura y lo que prosiguió al instante cuando se arrojó del Gateway. Ése fue su refugio durante nueve años desde que se mudó de Boston a San Francisco, del MIT a Berkeley. Este capítulo es el que más tiempo me ha tomado escribir, pues poner en palabras mis sensaciones es arriesgado y desgarrador. En este capítulo podrán sentir la forma que tenía de comunicarme con mi hijo, de reflexionar mientras le decía algunas cosas emocionales y teóricas. Escribo poco sobre los duelos en general y mucho de lo que le pasa a esta madre.

El segundo capítulo surge de mi necesidad de investigar la idea que mi hijo me soltó al morir. A dieciocho meses de su muerte, trataré de sumarme a las interrogantes que existen alrededor de la conciencia después de morir, así como la percepción extrasensorial. Analizaré las investigaciones que inicié inmediatamente después que murió mi hijo. Daniel me dijo muchas cosas antes de morir, pero lo que aquí escribo no lo escuché.

En el tercer capítulo introduzco algunas ideas para entender el duelo desde otros ángulos. Me dedico a hablar sobre el "opresor interno", un concepto que se me ocurrió para explicar coloquialmente la función del Ideal del Yo y del Superyó, así como de la historia que aparece para opacar la cotidianidad.

Son tres capítulos porque la vida pasa en tres tiempos: naces, te reproduces (escribiendo un libro, plantando un árbol, teniendo un hijo) y mueres. Y aquí, ustedes que me leen y yo, estamos en el "mientras tanto", vivimos a pesar del dolor que cargamos.

Mi hijo y yo tuvimos una conexión especial. Nos comunicábamos de una forma particular. Nuestras cartas fueron pocas e intensas. Nuestras llamadas largas e interesantes o brutalmente dolorosas. Lo mejor de mi vida con él fue su cercanía, su disponibilidad para compartir conmigo, su sensibilidad para conocerme como mujer y su generosidad al permitirme conocerlo como hombre.

Aspiro a que este libro sirva como un grito que pueda ayudarnos, a mí y a otros, a enfrentarnos a la muerte y sobrevivir. Anhelo que este grito nos provoque una nueva manera de vivirla y de pensarla, aunque sea un proceso que tome tiempo cerrar. Lo desconocido, la incertidumbre, la esperanza y el escepticismo están presentes en todo el libro, pues son partes de mí. No quiero dar recetas ni conclusiones, sólo quiero contarles una historia de las tantas que hay.

Escribirle a otros que viven sus duelos me enseña que la vida con dolor es lo único que existe. La humanidad tiene un cuerpo que grita con las migraciones, el trauma, la muerte de la madre, de un ser amado, de la carrera o el trabajo. El sistema inmune se pone en las manos de las emociones y se afecta proporcionalmente al grado en que se sienten las pérdidas. Estas situaciones ponen al desconsolado en riesgo de sobrevivir, su dolor se les pega al cuerpo, les da motivo para quedarse en cama y quizá morirse de a poco.

El doliente conoce su deseo de ser avestruz y sin pena entierra la cabeza para no sentir o pensar. Pero tarde o temprano aparece la culpa de lo que no se pudo dar, el lamento por lo que se perdió, el vacío que dejó ese amor. Las madres por sus errores sufren, las hijas por lo que no son capaces de dar o la pareja por sus dificultades para entregarse por completo al amor. Somos una cadena de afligidos que puede producir amor y, para lograrlo, tenemos que unirnos y generar conocimiento para evolucionar.

Al doliente le urgen ideas para salir por momentos del duelo y recibir la vida como va. Estar presente es un ejercicio que permite disfrutar lo que tus ojos alcanzan a ver y tu piel a sentir. Se aprende a vivir con las entrañas apretadas y una cicatriz en el corazón. Trataré de comunicar cómo ha sido mi proceso de vivir con el dolor y al mismo tiempo, promover la creatividad.

Cuando muere mi hijo despertaron otros muertos dentro de mí; experimenté una urgencia por regresar a sentir y entender el duelo de mis padres y simultáneamente lloraba la muerte de mi niño. Esas dos pérdidas se enlazaron por ser las más dolorosas que hay, llegan al fondo de la inimaginable soledad. El duelo por un hijo no acaba, no pasa de página y no tiene punto final. Por momentos me ayuda aferrarme a mi saber, a mi capacidad de amar y a mi fuerza interna, para tolerar la tragedia y transformarla en algo mejor. En otros momentos me ayuda tomar vacaciones en el mar, fundirme en la naturaleza o encerrarme unos días sin sol. Este libro no es una excepción, también me ayuda a sentirme mejor. Los invito a seguir mi sendero, esperando darles ideas para no estancarse en el duelo. La vida está en los demás.

Brindemos por lo desconocido y mantengamos la duda de todo lo que sea palabra. Los hechos son los que cuentan para transformar el dolor en creatividad.

Pongámonos a trabajar.

Parte 1
Naces

Primer Capítulo
La Historia

~~~~•~~~~

Todo comienza un año antes de mi mudanza a San Francisco en 2015.

Al hacer planes pensaba en ti y me fascinaba la idea de estar juntos en el mismo país. Estaba nublada por la emoción de sentir que por fin, después de quince años separados por tus estudios, estaríamos en el mismo lugar. Para mí San Francisco eras tú y aunque no me mudé por ti, no lo hubiera hecho sin ti. Me tranquiliza saber que pude estar más cerca de tu dolor; aunque me llena de impotencia entender que no pude transitar contigo tu decepción.

Percibí que estabas muy ocupado terminando el negocio de energía sustentable que habías imaginado años atrás. Se juntaba con tu preocupación de cómo cambiaría tu vida conmigo aquí. Pensé que no recordabas cuántas veces planeamos estar juntos en la misma ciudad y no lo tomé como algo personal. Estaba segura de que cuando sintieras mi independencia te dejarías de inquietar. Para mí no eras una fuente de preocupación: tu vida profesional siempre fue exitosa, las oportunidades te llegaban constantemente, se abrían para ti negocios o investigaciones sin tener que buscarlos. Por mi parte confiaba en que descubriríamos la distancia para vivir en la misma ciudad; sería como el trecho que existe entre los padres y los hijos adultos. El respeto ya estaba entre nosotros y sólo tendría que pulir mi propia angustia de mudarme a un nuevo país para tomar con calma mi nueva vida.

La llegada de tu negocio me parecía una oportunidad profesional, eras sencillo, un administrador extraordinario, avispado por tu creatividad explosiva y sin límites. No era el momento de imaginar que en los próximos años quedaría despojada de la calidez y el cuidado que creamos juntos para sobrevivir aquel junio de 1992. Nos teníamos en mente desde siempre, aunque al vernos parecía indudable el camino que cada uno seguía; lo exuberante era la conexión que nos brindamos y lo sorprendente era lo mucho que nos acompañamos.

Aunque no me mudé a San Francisco por ti, contigo aquí era divertido pensar que pasaríamos juntos las fiestas, cumpleaños y un día a la semana para explorar lo que quisiéramos. Tú estabas ocupado pensando en una nueva empresa, yo vivía mi mudanza y mi adaptación al nivel del mar. Con el tiempo, vivir en la misma ciudad podría ser atractivo y hacernos sentir en familia de nuevo, era ideal.

Estaba feliz de compartir más tiempo con mi hijo que sentía era el que más me quería, mi hijo de pensamiento profundo y divertido con el que tenía comunión.

Desde que naciste fuiste uno de mis maestros. Tu insaciable deseo de conocimiento, tu refrescante forma de pensar, tus dilemas y proyectos, tus planes y tus dudas, eran fascinantes. Podíamos hablar de todo menos de los demás; nos escuchábamos y divertíamos. Ansiábamos los tiempos que compartíamos y tuvimos muchos: en algunos hablábamos sin parar, en otros nos acompañábamos en silencio o disfrutábamos compartiendo el espacio; me abriste una puerta nueva para ver la vida desde tus ojos y desde tu mundo; yo vivía en un pueblo y tú en una ciudad.

Cada encuentro contigo era un nuevo aprendizaje o un cuestionamiento. Teníamos una relación muy viva, intensa y calurosa. Nos aceptábamos tal cual y siempre procuramos no lastimarnos. Nos veíamos entre cuatro y seis veces al año, pero estábamos cerca perenemente y al tanto de nuestros vaivenes. Tu vida parecía una aventura de lugares, personas y pasiones por temporada. Tus conocidos se iban haciendo amigos, los amigos se te iban sumando y tú querías presentármelos. Eras generoso en todo.

Tus maestros, jefes, amigos, cualquiera que te conocía me felicitaba por tener un hijo como tú. Eras un genio, esperábamos un premio y tuvimos muchos gracias a ti. Además de ser el hijo que mostraba su amor por mí sin trabas eras el hermano perfecto, el amigo solidario, el mejor exnovio. Todos me hablaban con alegría de ti: simpático, bailador, cantador, de buen corazón y generoso, mostrando su amor a todos los demás sin discriminación. Tus opiniones eran inteligentes e interesantes; tu sentido del humor, inigualable.

Desde pequeño te gustaban tantas cosas que nunca te hubieras conformado con una carrera o un sólo campo de conocimiento. Había tanta pasión dentro de ti y tanta prisa que me daba miedo. Muy pronto terminaste tu doctorado, desilusionado al ver lo que realmente ocurre dentro del ámbito académico. Te tomó poco tiempo descubrir que las instituciones están podridas por dentro; esto no fue ninguna novedad sino una oportunidad para construir cosas nuevas por nosotros y los demás.

Te ayudé con el duelo por la pérdida de tu pareja, me ayudaste con mi mudanza. Por otro lado, señalabas mis errores, analizabas mi forma de relacionarme y quedamos en que tú marcarías los tiempos de estar juntos. Era cierto que mi felicidad de estar en una misma ciudad contigo, me llevaba a querer verte todo el tiempo. Pusiste tus límites y entendí que tendría que acatar el ritmo en el que querías se diera nuestra relación. Tenía esperanza de que te abrieras y te mostraras frente a mí pero me equivoqué; al parecer no querías mostrarme la intensidad de tu dolor.

Su quiebre empezó en julio del 2016. Estaba en Ciudad Juárez esperando mi residencia americana, no sabía cuánto tiempo iba a requerir esta gestión. Le había encargado a mi hijo las llaves de mi departamento por si fuera necesario. Afortunadamente el trámite tardó dos días y le llamé para avisarle la fecha de mi regreso; fue entonces cuando supe que acababa de salir del hospital. La historia que me contó parecía encriptada, mi percepción era que había intentado acabar con un viejo dolor.

Llegué en un momento difícil para él, en realidad no sé cuánto tardó en incubarse ese deseo que me parecía terrorífico. Entiendo que le fue difícil mostrarme el estado mental en el que se encontraba, así que me quedé con muchas dudas tratando de respetar su intimidad. Él tenía treinta y cinco años, muchos de ellos viviendo independientemente y manejando con reserva su espiritualidad y su exitosa carrera profesional.

Me alarmé cuando me dijo que había estado en un hospital psiquiátrico. Me topé con mi ignorancia sobre el dolor de su vida interior. Nuestra convivencia pasaba por un momento de adaptación y ajuste mientras vivía en secreto su horror. Me dio en la cara no saber o no sentir la dimensión de su tormento. Me quedó dolorosamente claro que para pensar en el suicidio tenía que haber sentido lo peor.

> *Unos meses antes te escuchaba más sabio y con mejor manejo de tu realidad. Incluso creí que habías superado el dolor que sufriste cuando tenías once años. Habías terminado tu proyecto, se presentaba una oportunidad y parecías seguro de lo que estabas haciendo. Por eso tu ingreso al hospital —el cual me cayó como una bomba— me hizo pensar en un primer intento de suicidio que disimulabas como si hubiera sido simplemente una forma equivocada de divertirte. Querías demandar a las trabajadoras sociales que sugirieron te viera un psiquiatra tras un diagnóstico de bipolaridad.*

Imagino te diste cuenta que mientras más tiempo pasábamos juntos vería con más claridad tu pena, tu confusión, tu sufrimiento. Tu barrera protectora fue cediendo en forma de enojo. Me confesaste que llevabas mucho tiempo enfermo. Cuando hablaste te sentí roto por dentro. Estabas cansado de tu vida, intentando restaurar lo ausente, lo que ya no fue o se quedó en el tintero, lo que ya ni a ti pertenecía.

Después de que tú saliste del hospital consulté a colegas y expertos para que me ayudaran a pensar qué fue lo que te pudo pasar. Sin embargo, no querías verme, no sé si porque querías ocultar tu malestar, tus planes o lo que yo había llegado a arruinar. Esperé a que me pidieras ayuda, comencé a dártela como sabía y forcejeamos hasta llegar al acuerdo de buscar algún medicamento que te ayudara a sentirte mejor. Me preocupó tu estado —mi vida, por eso te sugerí que fueras al mejor hospital con los mejores psiquiatras del lugar—. Te llevé a Langley Porter para que te evaluaran. Nunca debí haberlo hecho, los dos pasamos una muy mala tarde: yo queriéndote salvar y tú tratando de huir. Una visita voluntaria se convirtió en forzosa y te enojaste conmigo con fervor.

Entre julio y septiembre me hablaste de la terrible angustia que sentías por no perdonar a tu padre: —Es un mentiroso, mamá. Con ese tipo de personas no se puede hablar, es desesperante y frustrante—. Lo conocía, pero le dolía como si hubiera sido ayer y no hace veinticuatro años.

En diciembre de 2016, mi hijo frontalmente me pidió permiso para suicidarse. Me habló de sus pérdidas, de su hartazgo por estar alrededor de humanos que se unen para lastimarse. Profesionalmente había alcanzado su meta y ya no tenía nada que hacer aquí. Me dijo que no me preocupara, que la vida no termina con la muerte y que de eso todavía no tenemos certeza.

Rumiaba con la idea de suicidarse hace tiempo, se había detenido pues sabía del dolor y daño que nos causaría. Le rogué de manera egoísta que no se quitara la vida, lo regañé como a un niño pequeño que no obedece, le supliqué aguantara un poco más a que el dolor se enfriara pero, en una parte muy dentro de mí, entendí que estaba sufriendo mucho y ésa era la salida que él deseaba.

Ahí comenzó mi miedo, angustia y desesperación. Nunca pensé perderlo a pesar de la claridad con la que lo dijo entonces. El golpe de conocer sus intenciones me atribuló. Dudé acerca de las alternativas de tratamiento y me asesoré en México donde creía conocer el procedimiento.

Pasaron otros dos meses y parecía que estaba progresando, saliendo de ese horror. Estaba segura que lo iban a curar, pues sólo era un episodio de incertidumbre. Se encontraba en "buenas manos", el psicoanalista me dijo que no había riesgo de suicidio. Me calmé... Quería que se quedara en tratamiento en México unos meses más, pero el psicoanalista dijo que estaba bien seguir con el tratamiento a distancia; ese doctor me hacía sentir como una madre sobreprotectora y sobrepreocupada. No me sentí apoyada aunque comprendí que mi hijo era un adulto y era su derecho.

El permiso del hijo que no quiere lastimarte porque te ama, pero opta por el suicidio para no seguirse lastimando, era un "tapón" que lo desesperaba. Mi hijo era un hombre tan inteligente que su mente era complicada: leía extensamente sobre psicología, religión, filosofía y física cuántica. Tenía una memoria fotográfica y aprender era una de sus pasiones. Gozábamos de tan buena comunicación que puedo decir que lo conocía, pude seguir su proceso de pensamiento y supe de sus motivos. Es obvio que nadie sabía realmente lo que sucedía en su interior, ni sus psicoanalistas, pues ninguno sospechó esa posibilidad cuando lo conoció.

Me contó algunos de sus dolores y me habló de su "opresor interno". En realidad, ninguna explicación es suficiente para tomar la decisión de matarte, así que para mí no fue convincente. Creo que algunas personas hemos tenido algún momento donde la muerte se piensa como salida, pero no se planea. El momento de dolor fustigante cede para responder a las demandas de la vida . . . ¿y cuándo no cede?

La mayoría de las veces, las reflexiones suceden después de ocurrido el evento traumático. En muy pocas ocasiones podemos evitarlo o cambiar su rumbo o desenlace.

Intenté cuestionarte, disuadirte, contagiarte de mi amor por la belleza de San Francisco. Te conté la historia de mi miedo a la muerte y la transformación cuando me rendí a la idea de que todos iremos juntos al mismo lugar; mientras tanto, transitamos la cuota de dolores intensos pues hay mucho que aprender.

Quisiste mostrarme el camino que seguiste para dejar de temerle a la muerte. Compartiste tu convicción en la reencarnación y en tu concepto de consciencia eterna. Estabas muy interesado investigando lo que dijo Jesús, los conceptos de las religiones orientales, su noción de vida y de muerte. Tenías algunos años buscando respuestas motivado por tu miedo a la incertidumbre y a tu incapacidad de esperar.

Eras un hijo perfecto de nacimiento. Curioso y sensible que requería cuidado. Un niño especial en sensibilidad e inteligencia, una combinación impresionante. En la casa hablábamos de emociones y tú, de realidades. Eras especial, brillante y emprendedor. Desde pequeño lo preguntabas todo y el conocimiento fue parte de nuestra conexión. Pasamos muchos días investigando tus inquietudes, tratando de comprender tus dudas hasta que aprendiste a buscar mejor que yo, a saber mucho más de lo que yo sabía y a plantearte preguntas profundas que no tienen explicación. Tus intereses se fueron orientando a la ciencia "no ficción".

Antes de escoger la fecha me pediste permiso para suicidarte, me contaste los momentos de depresión y la prisa que sentías por dejar de vivir. Era mucho lo que punzaba en tu mente y en tu corazón. Estabas conven-

cido que tu vida había acabado. Me rogaste que aceptara tu decisión y tus motivos para terminar con ella, incluso me platicaste sobre tu fantasía infantil de volar. Me revelaste la presión de tu "nazi interno" (al que llamo "opresor") y creí que entre todos los que te amamos lo podíamos someter. Una madre no puede contestar esa petición, hijo. Enloquecía cuando tratabas de convencerme de tu filosofía de ser alma vieja y de tener el derecho de morir. Cuando tu hijo te pide permiso para suicidarse, uno quiere morirse también. Al ver y entender su dolor se destapó el mío.

Los dos teníamos muy clara la relación especial y única que habíamos construido. El deseo de conocernos era recíproco. A veces te hablaba como madre y a veces como mujer. Tú me hablabas como hijo y como hombre. Cuando se muere un hijo que está sufriendo tanto, donde la salida que le da al dolor es terminar con su vida y disipar el tormento, deja mil preguntas sin contestar. Queda la imaginación atiborrada de ideas martirizantes, se vuelve difícil comprender lo que se requiere para impulsarse a la muerte. Cuando te imagino en caída libre pienso en tu valentía y desesperación, una depresiva explicación. ¿Qué se requiere para decidir despojarse de lo único que se tiene?

Mi hijo eligió un suicidio considerado. Habíamos ido de compras el sábado, a comer el domingo y el lunes tomó la decisión. Pensé que estaba mejor porque al parecer tenía buenos ratos sin tanto dolor. Comenzaba un nuevo proyecto y estaba contento con su tratamiento. El lunes me marcó para decirme que se sentía angustiado. Trato de recordar cada palabra dicha y cada sensación no hablada durante la última llamada. No consigo desaparecer por completo la inquietud de pensar qué hubiera podido decir para detener su impulso un día, un mes o un año.

Anteriormente habías sentido a la muerte aparecer y pudiste contenerte ¡¿por qué ahora no la parabas!?

Un minuto antes de saltar hacia tu libertad mandaste un mensaje al chat de la familia: "Los quiero mucho, pero me quiero más a mí. Ahora tomaré la decisión más difícil de mi vida: acabar con mi sufrimiento. No olviden que los adoro y los admiro más." Después supe que a los dos segundos te lanzaste. En ese momento tenía esperanza, no quise pensar que después del mensaje no había nada por hacer, todo estaba dicho y había llegado el final.

Hice un esfuerzo consciente por negarlo, me di las explicaciones necesarias y me puse en pausa.

Sin embargo, no me iba a quedar cruzada de brazos. Te marqué, corrí a tu casa, le hablé a la policía para que te salvara mientras llegaba a rescatarte. Llegué un minuto después que el policía había entrado a tu departamento, subí las escaleras aprisa para que no lograran detenerme. Para los rescatistas tú eras un adulto y yo una desconocida. Llegué un minuto antes de que cerraran la puerta de tu casa, no me dejaron entrar y no tenía manera de confirmar que era tu madre.

Me duele recordarlo y cuando lo hago, lastima. Me sacaron de su departamento y tomaron mis datos. El miedo de la noche detuvo cualquier impulso, no podía hacer nada y la noticia me dejó con la mente en blanco. Los policías me dijeron que encontraron la puerta del departamento abierta, tenían que cerrarla porque no podían confirmar que él era uno de los amores de mi vida y de muchas otras personas.

Mientras corría buscándote enloquecida, deliraba tu cara en todas partes, negándome a aceptar lo que parecía evidente. —Estás aquí, no te has ido— me repetía. Fui a la ciudad y estuve muy cerca del edificio que elegiste para saltar. En ese momento me entró miedo y dudé si quería encontrarte. Imaginé rápidamente la escena: tu cuerpo lastimado, sangre derramada, tu cara estrellada contra el pavimento y al mismo tiempo te veía platicando en casa de un amigo. La policía me dijo que tu celular estaba a una milla a la redonda de la zona del Embarcadero, estuvimos muy cerca de encontrarte, pero me paralicé y sentí que una milla a la redonda era demasiado para localizarte. Estaba envuelta en miedo y culpa.

Con el corazón en la mano me fui a casa. Me negaba a creerlo y por otro lado sentía que habías hecho todo para que no te viera en ese estado. Otra parte de mí rezaba para que solo fuera una pesadilla, que el impulso de saltar del edificio hubiera cedido, esperaba que llamaras arrepentido diciéndome que estabas en casa de un amigo. Al mismo tiempo sospeché que habías cumplido tu deseo de volar.

La mente te lleva a momentos pasados y parecidos a los que estás viviendo. La destreza mental de asociación nos lleva involuntariamente a otras pérdidas. Por eso el pasado no existe, pues el recuerdo doloroso aparece en el presente con los mismos sentimientos e intensidad que tuvimos hace cuarenta y ocho años. Pensé en mi hermano. A nuestra familia ya le había tocado su espantosa pérdida; esto no podía estarnos pasando. Un descuido, un accidente o un suicidio, no lo sabremos nunca. De la gente que muere grande o enferma se dice "al fin descansó de su sufrimiento". Sin embargo, cuando una persona joven vive desolada no hay palabras que den consuelo y, al parecer, las nuestras no sirvieron tampoco para detener a quien pensaba suicidarse. El suicidio es algo que se busca internamente hasta que se encuentra.

Me senté viendo a la calle como lo hice hace cuarenta y ocho años ante la experiencia de la muerte de mi hermano. Era mejor ver al cielo, se siente bien perder la vista y pedirle cosas al viento. Le demandaba al firmamento que nos diera una oportunidad más para repararlo, para tolerar la noche.

Llamé a algunos de sus amigos preguntándoles si le habían visto durante el día. Eran las 8 p.m. y no sabía qué había hecho antes de mandar el mensaje. ¿Había cruzado el puente sin identificaciones? ¿Fue a la ciudad para buscar la muerte o la angustia lo empujó de repente? Quería darle sentido a la historia de un anhelado arrepentimiento: —Se quedó sin pila, se encontró a alguien conocido antes de llegar a su destino—. Rogaba que algo se lo hubiera impedido. Suplicaba como niña con fervor y con miedo. *No podía creer que te hubieras suicidado, enloquecía mi pensamiento.* Tomé dos pastillas para acallarlo y dormir. Ya no había nada más por hacer esa noche.

No conocer el paradero de un hijo es enloquecedor, pero nunca tan intenso como saber que ha muerto. Al siguiente día, como cualquier otro martes me desperté, hice mi café y me dispuse a trabajar. Puse en marcha mi capacidad de esperar trabajando porque el quehacer psicoanalítico es escuchar y todavía podía hacerlo. Trabajando es como mejor se pasa el tiempo.

Dos horas más tarde alguien tocó la puerta con fuerza. Vivíamos en un departamento en el que golpear la puerta significaba una mala noticia. Tocaba con insistencia. Adelanté el final de la sesión, abrí la puerta y me encontré con una persona vestida de uniforme, pero no de policía. Me soltó la noticia rápido como se tiene que hacer en estos casos.

Trato en vano de reproducir en mi mente ese momento. No puedo recordar lo que me dijo, qué le pregunté ni lo que hice mientras seguía hablando. Sólo me quedan lagunas de ese martes 14 de febrero, el día del amor me enteraría de mi destino. Ahí empezó mi dolor tan grande: la impotencia y la desesperación con despecho. Una madre no puede aceptar que no hay nada que hacer por un hijo.

Entonces escuché al oficial decirme dónde estabas y quién te podía sacar de ahí. Recuperar tu cuerpo se volvió mi obsesión. Te imaginaba en un lugar feo, frío y gris, del que tenía que rescatarte, a la manera de las madres cuando sacamos las garras para defender a un hijo. No recuerdo qué pasó entre la visita del oficial y el momento en que llegamos a la funeraria. Estaba muy confundida, pero con la suficiente fuerza para implorarle al director que liberara tu cuerpo de ese lugar sombrío. Me llegaban imágenes de las morgues de las teleseries: —¿Estarían profanando tu cuerpo?—

Inicié el trámite, de eso no podía entender nada. Me fui a un lugar lejano y dejé que otros lo resolvieran. Ya había puesto presión y suplicado para que el papeleo fuera rápido.

Empecé a pensar que quería verte. Quería hablar con tu cuerpo antes de tu entierro, igual que hice con mi hermano y con mis padres. Quería despedirme poniendo mis manos en tu sien, en tus manos y en tu pecho.

El papeleo fue rápido, mi tremenda urgencia porque llegaras me encapsuló, quería silencio. Deseaba hacerme "bolita" y sentarme en una esquina de algún sillón. Comenzaron a llegar los que faltaban, ahora era yo a la que visitaban para acompañarme. Había visto a muchas mujeres recibir gente antes de un entierro; pero de una madre que perdió a un hijo, sólo a mi madre. Qué golpe sentir que ahora yo era mi madre. Sentía el dolor de ella y el mío; pobrecitas, las dos quedamos rotas. Mi familia es de las que prefiere no hablar, pero sabemos bien transmitir lo que sentimos con la mirada. Nos hacemos los fuertes, pero tu muerte nos impactó para siempre.

Como en todos los duelos anteriores que hemos vivido juntos, nos sentamos alrededor de varias mesas y mucha comida. Tenemos la costumbre de crear un ambiente de negación cuando el sufrimiento nos rebasa. La consigna no hablada consiste en transformar los peores momentos en una ocasión ligera. Tus primos se fueron de expedición por medicina para el alma: pasteles, galletas, sándwiches, café. La funeraria se convirtió en Día de los Muertos.

El director de los servicios mortuorios estaba un poco impactado por la manera en que enfrentábamos tu muerte. Éramos una bola de amor amalgamada. Estábamos en grupo y nos manteníamos en grupo. Entendió que no pensábamos movernos, esperaríamos ahí lo que hiciera falta. Fueron flexibles y nos dejaron comer donde no se podía, nos dieron un cuarto de juntas y tuvimos la privacidad para unirnos.

Esperamos ahí la llegada de tu cuerpo. Debió tardar horas porque la familia llegó de México, Monterrey, Miami y tú todavía no arribabas. La tradición era velar al muerto durante la noche previa al entierro, transmitirnos nuestro amor y darnos fuerza. En esta cultura, los muertos se quedan solos; pero tú, no. Pedimos insistentemente que nos dejaran cuidarte, lo sopesaron mientras te lavaban y preparaban tu cuerpo de acuerdo con la tradición judía.

No reconozco la hora en que por fin estabas junto a mí; sólo recuerdo la luz de la tarde matizada de gris a través de los vitrales. Todos rodeando el féretro, como en un mal sueño.

El cuerpo de las personas que se suicidan tirándose de un edificio queda muy lastimado. Tu primo logró persuadirme de no verte, temía que me quedara con una imagen dolorosa y poderosa en mis recuerdos. Acomodaron tres sillas frente al féretro para limitar la cantidad de personas que podríamos acompañarte, aunque eso no fue un impedimento para estar todos. Mis hermanos me blindaron, tus hermanos salían a tomar aire y regresaban al féretro. Me abrazaban. Ese día le agradecí a mis padres por el amor que nos transmitieron, la lealtad que nos tenemos y por la solidaridad incondicional de mi familia.

Pensé en mis padres cuando perdieron a su hijo y me alegré que no estuvieran para ver repetir su tragedia, a pesar de que en esos momentos los extrañé profundamente. Perder un hermano no es lo mismo que perder un hijo. Con un hermano nos preocupamos por culpa, por nuestros devastados padres y por el impacto que tiene en la familia. Perder un hijo es ver lo irreparable, lo atrapado por siempre en el esternón. En el mismo lugar donde sentimos el amor, sentimos la angustia feroz del vacío que dejó el adorado muerto.

Al día siguiente fue el entierro. No hay palabras, sólo lágrimas.

Después fuimos a casa, invité a sus amigos, me siguió la familia y hasta sus ex novios vinieron a prender una vela para alumbrar el viaje que estaba por realizar. Me senté en una esquina profundamente confundida, enganchada en buscar esperanza de que nuestra comunicación continuara atravesando fronteras. Era difícil comprender que alguien que disfrutaba apasionadamente la vida hubiera terminado con ella.

Vivir con tu abandono es intolerable: mi hijo, mi amigo, mi aliado; sin ti todo es sombrío.

El dolor de la muerte es expansivo, le pertenece a todos los que aman al ausente. Muchas personas le querían mucho, decenas vinieron al entierro. Algunos tienen el deseo de seguir en contacto conmigo, aunque siento y comprendo que soy el retrato que representa su ausencia.

Hijo, te extraño con mis entrañas. No sé cómo vivir sin hablar contigo. Paso de la tristeza al enojo, al vacío y al llanto. Vivo con un hueco en mi pecho tratándolo de llenar con recuerdos, distraerlo con actividad o sofocarlo en el sueño. Ya nada importa como antes, ni se siente como antes, nada es como antes.

Cuando las madres pierden un hijo ante el suicidio dejan de tener miedo, ya nada podrá doler más.

La Historia

Sufro al pensar que nunca más escucharé tu voz, nunca aparecerá tu nombre en mi celular; esta tragedia truncó nuestros sueños el mismo día que decidiste saltar. Es demasiado e irrecuperable lo perdido. A partir de ahí surge la esperanza de encontrar formas de ponerle pausa al dolor que me ahoga, a la rabia, la angustia y la culpa persecutoria. Me gusta pensar en ti, que estés en mi cabeza. Opto por escribir para retomar la relación contigo inmediatamente y recordar. Con ello calmo el miedo del día en que no te pueda invocar.

La esperanza de saber que las separaciones están reguladas por un tiempo determinado se ha perdido. Para tolerarlo, lucho el día entero contra mis pensamientos, mi tristeza y desesperanza. Hay semanas que me propongo un nuevo proyecto y me dispongo a resolver pendientes para salir de casa, pero me canso muy pronto y me dan ganas de correr a mi guarida, acostarme en la cama a leer cualquier cosa que, por lo general, no entiendo.

Mis amigos y familia estaban preocupados por mí. Insistieron que buscara paliativos para hacerme sentir bien: un masaje, una sesión de Reiki o una clase nueva. Cualquier cosa que disfrutara sería suficiente para tener un momento de admirar la vida con gusto. Necesitaba cuidarme para gozar y buscar respuestas que aliviaran mi sufrimiento.

Los psicoanalistas estamos acostumbrados a reconstruir historias. En nuestros peores momentos queremos conocer y reconstruir lo pasado. La parte racional se apodera de nosotros al intentar descubrir el enigma, las emociones se fusionan e impiden comprender algo. No se sabe bien dónde empieza uno y dónde empieza el que se quitó la vida.

Y así transcurre mi tiempo, en un vaivén entre lo que siento y lo que sentías.

Cuando el pasado es presente

Estos temas son previos a su muerte y se hicieron presentes con fuerza después del 13 de febrero de 2017. El que permanece vivo trata de reconstruir los posibles disparadores de dolor que llevaron al amado a suicidarse.

> *Después de tu mudanza a San Francisco comentamos lo difícil que fue salir del clóset en una sociedad religiosa y puritana como la de México. Creo recordar lo mucho que hablamos, leímos y compartimos. Cuando me mudé, tu tiempo en esta ciudad estaba contado, tenías buenas razones para marcharte: no te gustaba la comunidad gay pues te parecía muy pequeña y pensabas que las relaciones dentro de ese grupo eran momentáneas. La idea de una relación comprometida no era parte de las personas de tu edad. Pasaste de vivir en una comunidad excluyente a una declaradamente abierta. Me ayudaste a comprender el duelo que los homosexuales viven por no ser lo que quieren sus padres o su grupo social. Mudarte a una comunidad con un concepto de relación tan distinto al tuyo fue otra manera de sentirte excluido. Aquí viviste cinco o siete años de progreso profesional y soledad. Tu gran deseo era vivir acompañado "hasta que la muerte los separe" pero los "millennials" tienen un concepto de amor distinto al tuyo.*
>
> *Llegaste a San Francisco un año después de salir del clóset, a una ciudad que festeja la homosexualidad todos los días. Ahora entiendo lo que es mudarse y me parece que San Francisco puede ser desconcertante por sus contrastes: la clase alta es reducida y exuberante; la clase media disfruta proporcionalmente al grado de apertura de su mente y la clase que duele vive en la calle, se prostituye, se droga y eventualmente muere.*

San Francisco es distinta a otras ciudades más conservadoras como en las que vivió, tienen un concepto diferente de las relaciones en comparación con Boston, donde pudo hacer amistades para siempre. Esta ciudad es distinta por como piensa, como actúa y porque, a pesar de que la homosexualidad se pasea libre por la calle, la vida privada es más difícil de lo que aparenta.

Aquí empezó su vida fuera del clóset, mi lugar favorito desde que cumplí cuarenta años. Vine a visitarlo muchas veces y cada vez me enamoraba más de su lugar. Estaba contenta de saber que aquí podía ser libre, expresarse y hasta encontrar el amor.

Estados Unidos está lleno de gente itinerante, por años están en el limbo sin establecerse. Los amigos que hizo a su llegada comenzaron a irse, los más cercanos se marcharon a otros continentes. San Francisco estaba cambiando con la frivolidad de los "techies" y quería salirse de eso.

Tal vez mi deseo de apoyarte para que vivieras en libertad tu homosexualidad, me llevó a convencerte que salir de México era lo mejor para ti. Quizá fue una muy mala idea empujarte tan joven a forjarte y emanciparte hacia una libertad que contradice los prejuicios culturales con los que creciste. Platicamos mucho de eso y de todo, nos hicimos amigos. Esa fue mi suerte mientras viviste y mi tragedia cuando moriste.

Entre nosotros estaba muy claro que de tu vida privada no necesitaba saber nada. Me tenías confianza y pedías consejo. Algunas veces sentiste que te entendía, otras no. Nuestra verdadera e intensa relación empezó cuando regresaste de tu año sabático a los diecinueve años. Mi niño introvertido se convirtió en un libro abierto. Nos acercamos mucho.

Tu vida fue ejemplar, tu inteligencia única y pensé que mudarte sería lo mejor. En un sentido cumpliste tu objetivo hasta darte cuenta de que tus investigaciones, tus clases y tus éxitos no te alcanzaban para vivir contento o mejor. Actualmente me arrepiento de haberte dejado volar tan joven, porque lo que una vez pensé o dije es motivo para sembrarme culpa.

Me hubiera gustado ser una mamá que al final de la pubertad hubiera podido decirle a su hijo: —la etapa que continúa sirve para que tomes dos grandes decisiones y por eso será un momento de varios movimientos internos; tienes dos elecciones importantes por hacer: la carrera y tu identidad sexual; experimenta, conoce gente e identifica lo que te gusta y lo que no—. Desafortunadamente provenía de la misma cultura que tú y acepté tu homosexualidad primero con preocupación y después plenamente. Me dolía entender que no tendrías hijos, que no sabrías lo que es amar a alguien más que a ti mismo.

Era un hombre completo: inteligente, simpático, bueno y guapo. Lo lastimaron las mudanzas, los cambios y las infinitas oportunidades que suponían grandes decisiones. Las pérdidas infantiles fueron muy dolorosas y se sumaron a las de los amigos que se distanciaron o se fueron para buscar un mejor trabajo. San Francisco es una ciudad muy cara y difícil para los profesionistas que empiezan. Creo que ya entendí.

Eras un hijo que mantuvo el sentimiento de confianza y respeto que se construye en la infancia. Perdonaste mis errores y comprendiste lo que me llevó a cometerlos. Nuestra relación daba la sensación de que nos conocíamos bien, juntos no hacían falta las explicaciones. Estábamos seguros de hacer lo mejor que podíamos porque nos teníamos el amor más grande. Tuve el privilegio de conocerte como hombre, amigo e hijo. Abrimos juntos una ventana para armar el rompecabezas de nuestras vidas sin tu papá.

Nacemos de los padres y con la muerte retornamos a ellos. No sé si sucederá alguna vez cuando visite México, que deje de pensar en nuestro último viaje. Dudo poder descartar su animadversión por el lugar que no extraña, el cual lo marginó por sus prejuicios. Por lo pronto, es en ese lugar donde se conglomera la tristeza y siento la presencia del vacío que dejó. También es el lugar del amor de mis amigas y mi familia. Tengo la esperanza de que llegue el día en el cual deseé reinsertarme en el lugar que dejé, pero por lo pronto me recluyo y lo único que anhelo es estar en un lugar lejano, rodeada de naturaleza que me cobije y calme mi dolor por él.

México representa el lugar de tu nacimiento, de tus amigos y tu desarrollo. Es pura nostalgia que me remonta a tiempos juntos convertidos en fantasmas, los cuales me persiguen allí con más fuerza. Salgo de la casa y veo el piso, esquivando miradas y procurando que nadie sospeche mi pena, como cuando venías a casa y preferías aislarte en la protección del hogar.

Al mudarme a San Francisco empecé a entender lo que vivió en sus tres mudanzas, el significado emocional o lo que se siente cuando los hijos se van, vuelan y regresan hasta cuando piensan ser padres. Él no quería ser padre. De eso me hablaba antes de su muerte, sobre su necesidad de remontarse a un lugar desconocido para empezar a probar que sabía volar. Su fantasía era cambiar de continente. En su momento pensé que los cambios así parecían huidas, no estaba segura si funcionaban pues uno se lleva su mente a donde vaya. El "opresor interno" es la sombra que nos acompaña. Me preocupaba y a la vez comprendía que hizo su carrera profesional demasiado rápido. A los treinta años ya tenía reconocimiento y publicaciones. Ahora que no está entre nosotros me doy cuenta que hubiera preferido viajar horas para visitarlo en lugar de no verlo más.

Tenías una filosofía de la vida y una creencia de la muerte que parecían certeras. Querías volar, liberarte de un cuerpo que lo sentías como una atadura. No comprendo qué te llevó a creer que habías llegado al final de tu vida, cómo no tenías la fuerza para transformarlo en una oportunidad para comenzar. Por más que hablamos de eso no pude hacerte cambiar tu decisión.

Me enteré de la magnitud de su dolor el 25 de julio de 2016. En ese momento consulté a colegas y expertos que me ayudaran a pensar cómo detenerlo y responder a la rabia que tenía conmigo por querer entender lo que estaba pasando. Mi hijo no quería verme, posiblemente porque no quería que lo viera sufriendo.

Era un hombre adulto de treinta y cinco años que necesitaba pedirme ayuda. En agosto me la pidió. Comencé a darla como sabía y forcejeamos hasta llegar al acuerdo de buscar algún medicamento que pudiera ayudarlo a sentirse mejor. En septiembre lo acompañé a Langley Porter por tres días para que lo evaluaran y le dieran los medicamentos correspondientes. Entró voluntariamente, pero cuando estábamos ahí se arrepintió. No di un paso atrás pues fervientemente creí que en mi presencia lo iban a diagnosticar. Salió del hospital y unos días después me habló del terrible dolor que continuaba sintiendo por no perdonar a su padre.

Dos meses buscando ayuda y mientras tanto me acercaba a él para decirle lo preocupada que estaba, lo impotente e inútil que uno se siente cuando alguien se resiste a ser ayudado. Estaba en su derecho, pero como madre uno no puede aceptarlo.

De pronto, su fragilidad y la mía. Sentía su dolor, desesperación, angustia y deseo de mantener sus razones sin explicaciones. Entendía completamente mis limitaciones. Me pareció que pasé años tratando de ayudarlo a tolerar ese doloroso momento, estaba convencida que podría pasar. Me equivoqué. Lo suyo no fue sólo un impulso.

Durante seis meses detuvo su impulso. Estuvimos muy cerca, nos dábamos amor y yo quería protegerlo de su deseo. Al mismo tiempo, los profesionales que lo atendieron me hicieron dudar de mi miedo. Ninguno vio con la claridad de mi intuición materna su deseo de matarse. Lo vieron como una manipulación de su parte, una infantilización de la mía. Acepto que eso me dio esperanza, pensaba que vivíamos un mal sueño. Mientras mi hijo estaba en tratamiento, trabajando y además viendo a sus amigos; yo estaba ocupada como cualquier mamá que tiene hijos adultos e independientes. Cuando recuerdo el último delicioso fin de semana que pasamos juntos indudablemente me pregunto, —¿cómo es que no te diste cuenta? —. No lo pude proteger de su opresor interno. Perdí la batalla y eso me ha traído enormes consecuencias en todos los sentidos de mi vida.

Lo primero es cuestionar mi capacidad para ser analista, de ayudar a otros a pensar. Mi ideal de madre se había caído al suelo en pedazos, una buena madre protege a un hijo. No podía creerlo, había pasado muy rápido para mí, pero al parecer para él no. Me regaló seis meses para consentirlo.

Mi hijo pensaba en el suicidio como un paso a seguir, un destino, algo que se desea con toda consciencia y el miedo se convierte en esperanza de conocer un mundo mejor. Con esto él paró su sufrimiento y a mí me despojó de la certeza, de la calidad de mi amor y de mi capacidad para comprender su dolor. No hay nada que decir ni opinar, todos nacemos con una vida y hacemos con ella lo que podemos. A los padres sólo nos queda respetar, tolerar nuestra impotencia y ayudarlos a volar.

El mundo se me cayó cuando él se aventó. Como una manera de anestesiarme me puse maniaca y no me detuve ni un segundo a sentir el rompimiento de mi corazón, de mi estructura y de mi ser. Seguí trabajando mucho y buscando más. Estaba escribiendo un libro y me sentía voraz, no podía soltarlo. La inquietud por vivir frenéticamente servía para silenciar el dolor, la incertidumbre y el enojo. Me forcé a vivir así casi un año. Me dividí en dos personas, una era la fuerte, sonriente, ocupada y vital; la otra prefería callar pues su mente era un revoltijo de ideas, culpas, del "hubiera" y de autorreproches que no tenían final. Una parte de mí quería estar acompañada mientras la otra quería estar encerrada. Sigo así, no sé cuánto tiempo más, si un día o una temporada. Lo bueno es que cuando estoy acompañada de gente a la que amo y me aman, me siento mejor. Llegué a pensar que si estaba sola me moriría, no tendría razón para levantarme de la cama. Mis hijos ya no me necesitaban tanto, mi familia me es indispensable para seguir viviendo.

Dicen que una pérdida de esta dimensión te convierte en una persona sabia, una mujer guerrera, el mástil que sostiene las velas para soportar la velocidad del viento. En realidad, no hay nada que se sienta así. Lo único cierto es mi fractura, mi vulnerabilidad, mi ignorancia y la impotencia de no poder regresar el tiempo, todo esto me bofeteaba hasta quedarme quieta. No podía, —me despertaba, limpiaba mi casa, hacía ejercicio y trabajaba—. La vida se sentía fuera de orbita, con una fuerza desestabilizadora la cual me llevaba a pensar que en el momento en el cual me detuviera, me desmoronaría. Lo único claro fue que la muerte tocó a mi puerta y me dejó sin palabras, sin solución o remedio, sólo esparció rastros de cada uno de ellos.

Los duelos son despiadados, no siguen una línea recta para sanar. Todas las emociones se tienen en un día y cambian sin explicación. Mi hijo era muy especial para mí, éramos amigos sin contarnos intimidades, filosofábamos juntos y pensábamos en las incógnitas existenciales. Mis ojos brillaban al verlo y esperaba el momento en que me invitara a tomar un café para platicar o me compartiera un libro o un video de su "stand-up comedy" preferido. Entre nosotros no había barreras, aunque sí mucho respeto: nos amábamos, aceptábamos y platicábamos sin trabas.

Alguna vez me mencionó que estaba harto de su "opresor interno". Nos reíamos los dos pues todos tenemos uno y le llamamos de mil formas, como lo comenté hace unas páginas atrás él lo definía como su "nazi". A fin de cuentas, sus bisabuelos habían salido de Europa escapando de ellos. En general cada quien tiene un "opresor" interno que nos lastima durante unos minutos al día o todo el tiempo posible.

Por momentos viví en el mundo del arrepentimiento, constantemente pensaba en "si lo hubiera" llevado con otro psiquiatra, cambiado de psicoanalista, viajado con él, encerrado en una casa junto a la playa; quizá haber usado alguna otra estrategia donde hubiera domado a su "opresor interno". Con eso me torturo automáticamente, también cuando veo una foto, hablo con uno de sus amigos o cuando aparece en mis sueños su hermosa cara que no podré acariciar nunca más.

En el instante en que mi enojo le habla a la impotencia le reprocho mi tristeza; pienso que tenía la misma intensidad que lo que sentía mi hijo antes de quitarse la vida.

Pasabas por una etapa espinosa, tenías momentos como los que ahora tengo.

Cuando uno está vivo piensa en la muerte porque es parte de la vida y cuando se reflexiona te inspira a disfrutar la vida con quien se queda y no morirse con quien se va. Pero no siempre este deseo es alcanzable, hay quienes deciden terminar. También hay otros, como yo, que no pueden tomar partido, porque vivir es lo único de lo que somos capaces.

Con la muerte de un hijo regresan todo tipo de emociones y miedos infantiles. La fractura es tan fuerte que te lleva a ver tus errores como madre, persona y profesionista. Te los enseña con una lógica infantil que no puede ser tomada por veraz. Las madres que perdemos un hijo somos víctimas de despojo. Me regresó la angustia, el miedo, la confusión, la duda y el dolor del paso del tiempo. Me ha llevado a reflexionar sobre mis creencias, en la calidad del amor que brindo y en lo que supone la reciprocidad en las relaciones. En los días difíciles pienso con insistencia qué pude haberle dicho para detener su salto y si realmente me hubiera escuchado.

Desde aquel día que decidiste volar amanezco sintiendo dolor y un peso en mi espalda. Me siento carente de un cuerpo que me proteja, siento que no vale la pena vivir la vida sin ti. Si no estás sentado frente a mí en una mesa cualquiera o en un sillón de tu casa o de la mía, me convierto en un fantasma rondando sin rumbo. Lo bueno se esfuma y mi pecho me aprieta, me congela. La desesperanza me ataca. Me enojo y me planto en el sillón que está frente a la nada, tratando de enfocar tu rostro, tu semblante o tu elegancia al caminar. Mientras reconstruyo tu imagen el dolor se aplaca y abre la posibilidad de reírme con los demás.

Constantemente me pregunto si el dolor tiene fecha de vencimiento o si hacer un viaje largo a otro continente me ayude a sanar en silencio. También me cuestiono si los retiros de meditación sirven para comprender las experiencias dolorosas o si los grupos de padres que pierden a su hijo ayudan para calmar. Lo real es la impotencia silenciosa que se siente a menudo con la convivencia, las trivialidades me aburren y las apariencias me enfadan.

Ahora sin ti me gusta más el tiempo donde estoy sola y en silencio con mis preguntas; mientras te pienso, más cerca te siento.

Lo cotidiano se vuelve sombrío al recordar que es hora de comer, de levantarme, bañarme o de hacer ejercicio para sentirme mejor. Las obligaciones me exigen, así como imagino lo apuraban antes de su decisión final.

Me dolía tanto tu dolor, tu determinación y mi impotencia que no podía hacer casi nada. Por momentos imaginaba lo que habías leído para creer que estarías mejor muerto. Con tu partida ese dolor no se ha ido, sólo la soledad me alivia y cuando me entra la angustia me da miedo, me atrapa y me cansa. Escribirte me ayuda a sentirte cerca. Mi misión por ahora es recordarte y que te recuerden, me niego a la idea de acostumbrarme a vivir sin ti.

No hay nada que calme lo intenso de la desesperanza. Toda actividad requiere ímpetu pero a veces sigo sin querer hacerlo, aunque no todo el día y no todo el tiempo. La soledad acompañada es buen antídoto para la sobrevivencia: te ofrece un recreo del dolor que sientes, un refugio para ser auténtico, un testigo de tu esfuerzo para participar en las exigencias de la realidad y sobretodo es de gran ayuda que alguien te trate con mucho cuidado pues sabe de tu fragilidad. Prefieres rodearte de gente que no toque la llaga de tu dolor. Distingo que hay más en mi vida aparte del sufrimiento. Me gusta sentir el abrazo de mis recuerdos y el de los que realmente me aman pues, al perder a alguien querido, la frivolidad aburre y cansa.

Por eso sé que cualquier madre que ha vivido la pérdida de un hijo enloquece y se rompe. Hasta que no se rinda y lo acepte, vivirá peleando contra la vida. Se seguirá exponiendo a la enfermedad, a la amargura, al dolor de la incertidumbre, de no saber el porqué. Sé que no puedo terminar con mi vida, pero una parte de ella se extinguió con él. La muerte es un gran maestro pues no te permite dar la vuelta a la página hasta que le entras al dolor por completo. Me resistí algún tiempo, pero me doblegó cuando menos lo esperaba.

Una pérdida de esta magnitud te arrebata los planes, te cambia el sentido de las relaciones y te conduce por callejones sin salida. Su muerte me cuestionó. Me dediqué a buscar preguntas, respuestas y libros que me hablaran del suicidio, de la vida y de la vida después de la muerte. Me negaba a aceptar su muerte con muchos argumentos que nada me podían explicar y tampoco me dejaban tranquila. Recurrí a años de experiencia pensando en las teorías o en las predicciones. Una muerte así te lleva a pensar si algo en la vida tiene sentido, si el trabajo enaltece, si la rapidez soluciona o si hay que deambular por donde la vida te lleve. Cuando se muere un hijo inevitablemente te cuestionas si quieres o puedes hacer lo que sigues haciendo. Pensé en mil soluciones para esta nueva vida sin mi hijo, qué sentido le daría a la mía o simplemente no hay sentido más que la deriva. Tras su fallecimiento me exigí limpiar el departamento todos los días en la misma secuencia. Era un impulso automático que pretendía regularme y, sobre todo, mantenerme a flote. Lo hacía mecánicamente para controlarme. Para no llorar profusamente puse un altar con su foto y una veladora que prendí puntual durante un año.

Es un trabajo cotidiano. Al principio sentía que moriría de dolor, no quería vivir más y nada tenía sentido. Mi lógica era; si no pude salvar a mi hijo, no sirvo ni como madre ni como psicoanalista. En mi vida ayudar es un objetivo diario, es lo que le da sentido. En mi trabajo me doy cuenta de que ayudar un poquito puede significar mucho para el otro.

Pero no te pude ayudar y por lo tanto no valía la pena continuar ayudando a los demás.

Con otra parte de mi mente entendía que ese argumento era estúpido y omnipotente: nadie puede evitar que otro se mate. Tristemente es así. Definitivamente necesitaba mucha ayuda profesional pero mi propia credibilidad estuvo en juego con su muerte, así que lo único que sentía fue que necesitaba comodidad para estar tranquila. Ese sentimiento que nunca me falló me servía para contenerme mejor.

Como psicoanalista primero busqué ayuda dentro del método en el que creo y admiro, a pesar de la experiencia que viví con mi hijo y esta profesión. Estaba trabajando simultáneamente con dos personas buenas y dedicadas, ambas muy cálidas y empáticas. Eventualmente me sentí incómoda con ambas, creí que no me entendían y no sabía si era porque no lo conocían o porque su identidad sexual no les permitía acompañarme.

No todo fue culpa de ellos, la realidad es que las palabras no alcanzaban para expresar lo que sentía y tal vez no fui totalmente consciente de lo que ansiaba. No tenía claridad en nada cuando mi hijo murió. Busqué durante seis meses ayuda y nada me convenció. Estoy agradecida con los que se preocuparon por mí y me buscaron ayuda; cada vez que mis hijos me veían triste me recomendaban un sorbo de sobrevivencia: reiki, meditación, masajes, acupuntura, grupos para padres que han perdido a un hijo, vacaciones, retiros, etcétera. Traté, pero el lamento no me dejaba comprometerme con nada.

El dolor de una pérdida es tan grande como el amor que sientes por quien muere. Solo uno lo conoce de frente, solo uno trata de dormir con él cada noche, de amanecer y ajustarse a la rutina. Pero todo duele en el cuerpo, así te muevas o estés quieto.

Además tengo que lidiar con la cotidiana confusión que me acompaña desde tu muerte; mezclo los días, las pláticas, los personajes. El tiempo pasa a través de la ventana tan rápido que se me escapa. Aunque haga calor siento frío.

Si no puedo cuidar de mí, hacerlo con otros me cansa; por eso siento la compañía como una carga. Estar con alguien mientras uno sufre se vive como obstáculo para darle rienda suelta al dolor; cuando estoy con otros persisto en conectarme a lo vivo del amor, pero no lo puedo sostener por mucho tiempo.

La vida se siente distinta cada día y, a veces, a cada momento. Trato de conectarme a ella, de ver gente que amo, de sonreír y disfrutar, pero no lo logro por mucho tiempo. Salir de casa es como si caminara cargando kilos de tristeza en mis hombros, no apta para pertenecer al mundo de quien amenace con elaborar una pregunta privada. Traté de hacerme caso emocionalmente y darme lo que necesitaba, pero al inicio estaba demasiado confundida hasta de las emociones que sentía.

Hijo, el que me entendía perfecto, quien me conocía bien y a quien pensé conocer de la misma forma; quien comprendía mi dolor sin palabras, a quien supliqué me dejara ayudarlo a aliviar el dolor de su espalda. Ya no estás más. El reto es vivir con el vacío indolente y tolerar la rabia de la imposibilidad de regresar el tiempo al momento en que te probaste los "jeans" e hiciste el gesto característico del que gana un premio.

Sólo tengo los recuerdos y me da mucho miedo que un día la vejez me prive de ellos. Estoy aferrada todo el tiempo a la idea de vivir con mi hijo siempre en mi mente. Por ahora tengo muchas fotografías mentales de sus gestos y persistirán mientras mi lucidez lo permita.

La muerte de la persona que amamos es contundente, desafía cualquier mecanismo psíquico de negación. Uno puede crear fantasías alternas para mitigar el dolor pero es tan real como su ausencia. Enoja que no lo puedes ver más, no lo puedes tocar, ni puedes mandarle un mensaje porque al morir se pierde identidad.

Lo que sí se puede hacer con los muertos es hablar. Lo hago todos los días un rato, en silencio, en voz alta o de cualquier forma en que lo siento. Sin embargo, ya no está mi hijo para escucharlo pensar distinto, admirar sus virtudes, reírme con sus chistes o compartir la lectura de un libro.

El muerto no está y de pronto uno empieza a dar sentido a lo que te dijo. Cuando el enfermo se levanta de cama vemos otras cosas y las miramos con calma en todos los ángulos que te permita tu capacidad de reflexión. Mi duelo empezó desde que me mudé de país, se ligó inmediatamente al miedo de perder a mi hijo y a tratar de ponerme lo más rápido al tanto de lo que sentía. ¿Qué le pasó un año atrás?

La energía que puse para intentar salvarlo me tumbó con su muerte. Al mismo tiempo y con terror le puse freno de mano a la caída. No sabía dónde iba a parar mi vida sin verlo. Desde julio de 2016, estuve alerta, pendiente, en guardia. La fuerza y vitalidad que dediqué a "salvarlo" concluyó de golpe. Me quedé pensando que ya nada era cuestión de vida o muerte, no había nada peor que me pudiera pasar.

La vida de pronto te priva de lo que más te importa, de lo que cuidas siempre, del que está en tu mente para amarlo mejor cada día. El doliente habla con sus muertos, los sigue amando, pensando e imaginando verlos crecer con los años. Aunque en nuestra mente son jóvenes por siempre, les contamos las historias que se perdieron, nuestros dolores o lo que extrañamos de ellos. Lo que no existe no tiene remedio.

Se dice con frecuencia que a los muertos se les idealiza, pero no me parece que ese sea mi caso. Estoy muy consciente de los muchos momentos cuando me sentí desesperada por no entenderlo. En su vida tomó decisiones que me desconcertaron un poco porque no me las esperaba. Eso me enojaba con él, en esas circunstancias no podía unir lo que decía con lo que me había contado antes de mi mudanza.

Tengo mis días de berrinche y, como niña, me enoja que no estés. No verte tomar tu café con chocolate con ese gesto tan tuyo que guardo en mi corazón. La idea de no encontrarte más es inconcebible. Tuve el deseo de aferrarme a tus amigos porque imagino que ellos tienen otra versión de ti, de tu amor y de tus formas de divertirte. Me contuve para respetar tu intimidad aunque gozaba de sus historias acerca de la última vez que estuvieron contigo o el último mensaje que intercambiaron.

Tu muerte me regaló un espejo que resalta mis errores, examina mi ignorancia y reta las teorías sobre el duelo, el suicidio y el dolor mental. No sé cuánto dure esta etapa del duelo, sólo puedo advertir que tu muerte cambiará mi destino; ni los momentos de manía, tristeza o enojo para lograr separar y distinguir la maraña de emociones desatada tras tu muerte. Solo sé que ya nada es ni será igual.

 Cuando me pongo maniaca creo en la existencia de la vida después de la muerte y pienso en todas las pláticas que tuvimos el último año de tu vida. Siento que el tiempo es una trampa y si te imagino, estás y si te hablo, escuchas. Eso me da esperanza y es como un rayo de luz que amalgama la manía y la tristeza. También es amor, sosiego y paciencia. Cuando recuerdo lo que aprendí de ti, la vida se siente ligera en la rutina cotidiana. Soy capaz de sentir el regalo amoroso que me dejaste al existir.

La tristeza y el enojo son dos caras de una misma moneda. Con la noticia aparece el enojo de la impotencia, la desesperación y la frustración de perder tanto. La tristeza es la música de fondo desde donde puede nacer el deseo de aprender a vivir sin ese ser que adoras. La tristeza nos ayuda a pensar siempre y cuando no esté acompañada de angustia.

 Me haces falta y a tus hermanos también. El enojo entre nosotros ha sido más breve que una plática, la aceptación está muy por encima de las diferencias. Alivia conocer íntimamente la aceptación completa a la que aspira el amor. Enojo es lo que menos sentimos hacia ti.

 No hay madres, parejas ni hijos perfectos. Entre tanto, la mente me lleva a percibir las cosas que de mí te molestaban y las cosas que de ti me abrumaban. Si estuviéramos charlando por teléfono te diría que tengo muchas más limitaciones de las que pensabas, los golpes suavizan y la compasión se renueva.

Mis trabas ya no me persiguen con la fuerza de la adolescencia y me permito mostrarme imperfecta y común. Cuando estoy con mis hijos, amigas y amores me siento a salvo porque entiendo que el amor es para siempre, une y es ungüento para el dolor. La obligación del ser humano es aprender a amar mejor.

Es irrelevante sufrir por las personas que te juzgan y desaprueban. Entiendo que hay una época en la vida donde es primordial saber lo que piensan los demás, pero descifrar lo que transmiten sin palabras es imposible, pues no podemos entrar en la mente de otro. Mi aspiración es aceptarlos a todos, minimizando sus defectos y engrandeciendo sus cualidades. Es un trabajo que no acaba jamás, nos ayuda para relacionarnos desde otro lugar. Lo que nos disgusta del otro habrá que dejarlo pasar sin reproche. El amor es lo único que en esta vida cuenta.

Todavía no logro aceptar sin culpa que te hayas suicidado. Mi enojo reprocha tu decisión. Mi tristeza anhela descanso y mi locura me lleva a creer que estás aquí a mi derecha. Me duele ver que no pude detener tu vuelo, pero me hace humana saber que las decisiones son personales y no tenemos que estar de acuerdo.

En la práctica clínica he visto algunos hombres heterosexuales que tienen miedo de acercarse a su madre edípica, ésa que desean cuando tienen cinco años y la ven perfecta; aquella tan intensa a quien se destruye para poder separarse de ella. Como si el miedo a quedarse engolfado por la madre interna los impulsara a distanciarse de ella, entonces exageran sus defectos, sus problemas de carácter o sus decisiones para tolerar la ruptura.

Entre nosotros no había eso, tu Edipo estaba atorado con el abandono y la desilusión de tu padre, en ese aspecto no pude ayudarte. Hablar contigo era lo más placentero y, si la retribución ha sido conocerme mejor, te agradezco. Me quedo con tus dulces palabras; —no te preocupes en pensar si fuiste buena madre, lo certifico—. También certifico que fuiste buen hijo.

Es un privilegio tener un hijo que no tenga miedo de reprocharte, pero para eso hay que ser generoso. Es claro que el amor no está en juego sino en proceso de crecimiento.

> *Sabía que sufrías por lo que viviste a los once años, querías cambiar tu historia o la realidad de ese entonces, pero te topaste con los hechos: las relaciones son de dos y se necesita el deseo de ambos para repararla si se ha roto. Tu papá no estaba interesado en ayudarte con eso.*
>
> *Ahora entiendo que mientras tus hermanos se despertaban con pesadillas y hablaban conmigo a media noche, tú contenías tus miedos porque te sentías el mayor. Me hiciste consciente de la familia que reconstruimos después del incidente (divorcio), te frustraba que no fuéramos más abiertos con eso. Me quedo tranquila pues dedicamos un tiempo para resolver tus dudas antes de que emprendieras vuelo.*

Con el duelo aparecen los dolores físicos, las canas y el envejecimiento. Mi espalda sufrió el cambio de país, su muerte, la desesperación y el duelo. Los músculos alrededor de mis caderas y mi pelvis se tensionaron hasta el punto de no permitirme mover. Sigo sin poder relajarme por completo. Seguí las recomendaciones de algunos y fui a una sesión de reiki. La mujer sintió mi tensión y la dificultad de soltarme. Estuvo dos horas trabajando con la energía de mi cuerpo estancada en el mismo lugar donde te guardé nueve meses. Salí de esa sesión sintiéndome tranquila, pero sin poder dejar de llorar, con mucho dolor y mucha pena. Ella me dijo que mi cadera estaba apretada y que probablemente la energía tardaría en fluir por mi cuerpo.

Algunos médicos y psicoterapeutas piensan que el suicidio es prevenible, otros dicen que una vez que la idea se apodera de la mente, ésta no deja de torturarte. Lo cierto es que, efectivamente, más hombres que mujeres se suicidan. Tal vez fallen en algún intento, pero al final lo consiguen. No sé si el que se suicida siempre tiene un diagnóstico, me desconcierta no saberlo; pero imagino que tiene un dolor que necesita detener pues no lo deja respirar ni le da tregua. Para algunos la compañía es bálsamo y hasta anestesia, para otros el dolor los rebasa y el suicidio es la única alternativa.

> *Los días más tristes veo tus fotos, te escucho cantar en un video, presto atención a una clase sobre moléculas grabada por una de tus alumnas y me alegro. Reprocho no tener más fotos juntos, objetos que me ayuden a sentir pedacitos de ti expandidos por la casa. Lo poco que me queda me ayuda en días como éstos. Al verlos recuerdo tu voz, siento tu piel y admiro tus gestos. En esos momentos no puedo pensar en nada, ver tu rostro me calma y salgo de mi mente para retomar la vida.*

Anhelo el momento en el que regrese la rutina sin contratiempo. Un día cuando no necesite tomar grandes decisiones y permanecer en casa no sea por angustia. Después de sentir la perplejidad de saberlo muerto pude ver mi tristeza transformarse en enfermedad como producto de la culpa, ambas forman una combinación peligrosa. La culpa no deja disfrutar y si no logras salir de ese agujero te consumirá sin clemencia. Para regalarte una tregua, recuerda que eres humano, común e imperfecto.

El pensamiento obsesivo puede ser muy perturbador. A mi hijo le dio las razones para saltar de un último piso. No alcanzo a imaginar su mente secuestrada por el impulso, la fuerza de su "opresor" empujándolo a la muerte al creer que era una transformación y no una pérdida.

Necesitamos encontrar dentro de nosotros una voz que le diga al "opresor": —alto, no te hagas más daño—. Comprendo la dificultad de poner una frontera entre el "opresor" y la bondad, sobre todo al ser parte de la cultura judeocristiana. Pero es necesario entender, crear o conseguir una forma de mantenerlo a raya.

Trato de pensar en mi hijo con amor y cuidado, de controlar mi enojo al no comprender el porqué de su decisión. Entonces recuerdo que no hay respuestas al suicidio, algunas personas toman esa salida. La medicina moderna sirve para prolongar la vida, pero casi nunca para mejorarla. Cada vez hay más personas que prefieren no usar medidas extremas para prolongar una existencia artificial. Hay enfermedades incurables y ningún médico, psiquiatra o psicoanalista sabe cómo salvarte de ellas. El estudio ayuda a comprender que hay mucho por saber y entender, que el exceso de población hace difícil el surgimiento de un nuevo paradigma sobre la vida y la muerte. Me parece que cada persona tiene el derecho de no querer prolongar su vida cuando siente que está en una situación terminal. Las enfermedades emocionales no son muy diferentes a las físicas, van de la mano en el dolor y en su persistencia.

Las personas que buscan replantearse la culpa, la felicidad o la depresión, pueden ayudar a su familia a sobrevivir el pesar. El problema en las familias es que cuando un miembro muere, la dinámica cambia para siempre y se requiere de tiempo para crear una nueva forma de ser y de hablar dentro de ellas.

Fuiste un hombre dotado de amor, comprensión, inteligencia y sensibilidad. Las situaciones de la vida te dolían más y no había mente que penetrara tu calvario. No sé cuántos días más de mi duelo me despertaré culpable, frágil o desamparada por la imposibilidad de conocer tu sufrimiento; cuántos días de silencio necesite para detener mi lamento; cuándo dejaré de enojarme por no compartir nunca más nuestros cumpleaños o de culparme de lo que hubiera sido. El "hubiera" se convirtió en mi "opresor interno".

Las madres que conozco protegen a sus crías apasionada y furiosamente para que nadie los lastime o maltrate. Tratan de alejar el dolor de su camino y acercarles el amor. Las madres feroces olvidan que la vida es difícil, los problemas no se acaban y la soledad les duele a todos por igual. La madre que ama ferozmente no entiende el significado de "darse por vencida" cuando ve a sus hijos sufriendo. No sabe el significado de "no hacer". No se rinde ni cuando se siente impotente de no poderlos ayudar. Las madres feroces tienen dificultades para separarse de sus hijos, viven entre la ambivalencia de ayudarlos a independizarse y protegerlos para que nada los haga sufrir. Las madres feroces no pueden amalgamar la libertad de sus hijos con su deseo de acompañarlos de por vida. Mi dolor es feroz, no entiende su muerte ni ubica el momento preciso de su enfermedad. El dolor de no verlo nunca más desconsuela y resistir exige vigor.

Los hijos comienzan a tener vida privada cuando controlan esfínteres, van formando su personalidad y su carácter. Entienden sobre sus deseos y su satisfacción. La madre cree que conoce a sus hijos, aunque la distancia que impone la adultez lleva a desdibujar las vivencias que le causaron miedo, desilusión o incompetencia. No sabemos de sus relaciones ni de cómo repiten su pasado. De ahí que nos sorprende cuando el hijo toma una decisión extrema para acallar su angustia.

La culpa es una cárcel para el pensamiento. No te permite vivir, disfrutar o solucionar. Induce actitudes proporcionales a los hechos. No te deja sonreír, respirar o ejecutar. Cuando llega se necesita de una voz que nos autorice a estar bien, provoque cuidarnos y enseñe a convertir las situaciones dolorosas en posibilidades. El trabajo es tolerar la culpa mientras pensamos en una mejor salida para vencerla.

Mientras elaboraba mi dolor por verlo sufrir me preguntaba si los tratamientos de hidroterapia populares a finales del siglo XIX hubieran sido una mejor cura para él. No sabía si un mes en un spa era mejor tratamiento que tres días en un sanatorio mental. Cuanto más leo sobre investigaciones psiquiátricas me resulta evidente que no se sabe con certeza cómo funcionan los medicamentos, pues las personas son únicas y los metabolizan de distinta manera. ¿Y si con mi precaria experiencia confirmara que la naturaleza es el mejor antídoto contra el "opresor"?

Hay momentos cuando mi capacidad creativa se esfuma, no encuentro palabras que me ayuden a describir cómo me siento porque no existen. Son momentos de silencio donde sólo puedo estar en soledad. Previo a los aniversarios se vuelve peor. Me enojo porque las enfermedades emocionales son un cáncer en descontrol.

Los duelos se parecen, la diferencia está en su persistencia e intensidad. Los que hemos perdido el amor de un hijo podemos encontrar una oportunidad para amar intenso, atesorar completo y no dar por sentada ninguna relación. Tu sepulcro llega cuando te das por vencido y le pones barreras al amor.

Al sufrir la ausencia de un hijo no queda mucha energía para socializar, salir de casa o exponerte al ruido, al frío y la multitud. En subculturas primitivas el suicidio es un enemigo social que se presenta en forma de rumor y busca culpables. Conocí mujeres que habían perdido hijos antes de tu muerte; sin embargo, apenas comprendí con mi cuerpo que la muerte de un hermano, un padre o un hijo son inimaginables. No se sabe de ese dolor hasta que está presente.

El suicidio es inentendible. No hay nada lógico en esa acción, no hay explicaciones para la familia o una completa comprensión de la cantidad, intensidad y perseverancia del dolor que los lleva a parar el tiempo en un lugar. En este mundo de diagnósticos, en lugar de personas, persiste la idea de que el suicidio no es una decisión sino un impulso difícil de detener por ser tan primitivo; consecuencia de una ruptura en la estructura infantil del que se suicida.

Sin embargo, cuando pienso en ti de una manera objetiva, podría decir que tu sensibilidad extrema y tu incapacidad para esperar eran los tormentos que reconocía en ti. Te adelantaste a la muerte creyendo que había algo mejor en el más allá.

Se siente culpa persecutoria por lo que no pudimos salvar, las limitaciones que vemos en nosotros como personas y la pequeñez de nuestro saber. En la culpa persecutoria el "hubiera" es el verbo de preferencia. La culpa depresiva te hace consciente de que no hay lucha por hacer. La realidad es que mi niño murió y no hay más.

Cuando pienso desde la depresión consigo ver el dolor que empujó a mi hijo a tomar el suicidio como una solución. Entendí que los vástagos tienen su vida, miedos y duelos que no conocemos.

Sentí tu dolor y acepté tu decisión de matarte. Para eso tuve que ir muchas veces al panteón, sacar una silla de la cajuela y ponerla bajo el árbol donde está tu cuerpo. Perdonarte y entender que lo hiciste solo por ti y por nadie más.

No sé por cuánto tiempo iba a ser capaz de olvidarme de mí y de lo que amo, pero algunos días me quedé en cama, enojada con la vida y salpicando a todos con mi dolor. Aún no aparece el deseo de que la vida me regale la muerte anticipada, el deseo de acallar mi sufrimiento ni la fuerza por detener la tristeza que a veces siento. Aparece la imagen viéndolo caer del edificio. Se me hunde el vientre y se abre el vacío que todos hemos sentido al tirarnos de un trampolín de veinte metros de altura. Tengo unida mi sensación de miedo y vacío al momento de rendirse y caer.

Percibo un hueco en mi vientre hasta que obligo a mi mente a conectarse con lo que estoy haciendo. Mis lecturas han cambiado y ahora leo los libros que mencionó como sus transformadores, como una manera de acercarme a él.

> *Sin cerrar los ojos veo tu figura, tus manos, tu mirada y tu sien. Recuerdo el timbre de tu voz, tus palabras, teorías y cansancio. Cuando te imagino siento una transformación en mi cuerpo se llena de amor que siento en mi esternón.*

El tiempo da paso a la claridad de algunas pocas cosas y a la complacencia de la duda. La confusión me lleva a reflexionar y a permitirme más momentos sin culpa, con ganas de aferrarme a lo que me gusta y me hace sonreír. Esos días amanezco liviana para enfrentar lo que suceda sin censurarlo.

El duelo es intenso, las emociones transitan por un carrusel e impactan el cuerpo por desidia de protegerlo. Me agrada el silencio pues me acompaña mejor, la duda de si volveré a encontrarlo de alguna forma alivia el miedo de un día sin él. Durante un año y medio me debatí entre aceptar a quienes buscaron estar en mi vida; sobre todo porque hubo algunas personas que se acercaron y me lastimaban con su falso cariño. La realidad habló y ahora conservo todo lo que sabe a amor. Mi percepción se agudizó y se convirtió en un detector de mentiras. He visto de todo, hasta la dicha de no transitar mi calvario.

Mi cuerpo grita cuando escucho mentiras, excusas o miradas ignorantes que me hacen enojar. El dolor me limita a tener relaciones que reclamen mi ausencia y me exijan lo que no puedo dar.

Cada momento en mi vida es distinto aunque por fuera parezco igual. Algunos días me preocupan nimiedades, otros me ataca el miedo o el "hubiera" como si realmente pudiera retroceder el tiempo para cambiar la historia. Tenía días con el dolor en la cara, mis mandíbulas se trababan, el silencio me atrapaba, la luz se hacía sombra y mis labios apretados dibujaban mi tristeza e inmovilidad.

En el inconsciente la idea de muerte no existe, de ahí la incapacidad de cuidar la vida de uno y de los demás. El dinero ha servido para aplacar el miedo a la incertidumbre y a la soledad. Afortunadamente hemos descubierto que eso es temporal pues, con adquisiciones o sin ellas, todos vamos hacia el mismo final.

El dolor de perder a mi madre fue tan grande que me congelé y sin darme cuenta actué como el que piensa que las muertes por vejez no duelen por ser inminentes. No hay creencia más falsa que la idea de que por los viejos no se hace duelo. Cuando las relaciones están basadas en el amor se les extraña siempre. La muerte es una oportunidad para recuperar lo bueno que quedó entre los dos.

Después de tu partida me di a la tarea de escribir un libro sobre tus abuelos, las charlas, los viajes y cada momento hermoso compartido con ustedes. Al escribirlo los recuperé sin pena, pues evocarlos con tanto amor me permitió sentirlos cerca, aceptando por completo su herencia. No aspiro a alcanzar ese estado contigo pues creo que esa construcción es imposible ante la muerte de un hijo. Sólo queda rendirse, mantener los recuerdos pegados al corazón y creer, como todos dicen, que estás mejor donde te encuentras.

Con la imposibilidad de concebir la muerte de un hijo, las teorías, el estilo de vida y el futuro se desploman. Mis ambiciones de psicoanalista cambiaron. Necesitaba a alguien que me ayudara y enseñara a resolver problemas, a pensar y transitar el duelo en compañía de los que me transmitan seguridad.

La experiencia de ser madre te despoja de un cierto tipo de narcisismo y la vida cambia de giro con el fin de proteger a otros antes que a uno. Aunque no todo es placer ni comodidad para ninguno, el hijo carga con los ideales de sus padres y éstos con la responsabilidad de enseñarles lo duro de la realidad.

Cada vez que un padre presume de su hijo, le da el mensaje de seguir mejor cada día. Algunos hijos creen que ser mejor es ser famoso, rico o exitoso, en un mundo donde la media no se encuentra y nada ratifica qué es lo mejor. Las inteligencias superiores seguramente sufren más las exigencias del ideal de sus padres.

Un hijo es la oportunidad para despojarte de tu egoísmo y para comprender el significado de ser padre y humano.

No sé porqué a los diecinueve años te surgió la idea de no ser padre. Pensabas que los hijos sufren por sus padres, sus errores y su desconsuelo. También decías que eso era inevitable porque los progenitores, a su vez, cargan con las historias de sus propios padres; los abuelos, pues son producto de la transmisión generacional. Es una cadena que nunca sabremos dónde empieza. Esta explicación apareció en ti recientemente. Tuviste cuatro o cinco novias maravillosas y dos novios amorosos; me los presentaste a todos y establecí amistad con ellos. Estabas confundido, decidir para ti suponía perder una parte de ti. No sé si fue por cumplir el ideal de tus padres, los míos, mi familia, lo que se convirtió en la fuente de tu sufrimiento. No pudiste salir del clóset antes y me puedo imaginar las consecuencias que te persiguieron por acatar, sin querer, las opresivas "normas" culturales que te tocó vivir.

Las personas necesitan progresar emocionalmente para llegar al punto de dejar de competir, para salirse de la competencia por el dinero tan pronto consigan lo suficiente y así poder seguir viviendo como les gusta. El problema es que las aspiraciones se vuelven mandatos internos y esos son los que presionan. La cultura, como bien decía Freud, causa malestar.

El conocimiento popular define al que se suicida como un valiente y un cobarde a la vez. Imagino que una gran parte de la mente de quien se suicida está entera. Mi hijo me pidió permiso para suicidarse; no pude contestarle, ambos sabíamos lo que eso significaba. Me cuesta mucho imaginar el valor que alguien necesita para aventarse, para volar hacia el abismo hasta perder el cuerpo.

Dicen que es cobardía porque al momento del impulso, por el dolor mental tan intenso, se debería "poder tolerar". Mi hijo era valiente y todos deberían saber que en ese acto no hay debilidad. Es en ese momento en que siento la humildad de no conocer de su dolor, su desesperación y su deseo de parar. El enojo habla cuando se piensa con certeza que se pudo haber interrumpido el acto.

La aceptación me explica que mi hijo era un adulto y que nuestra relación era tan buena que fue capaz de contarme sobre su dolor porque me amaba, pero se amaba más él. Ya no quería vivir. Tomó sus decisiones y ahora es mi tarea tomar las mías. El amor entre nosotros es igual.

Por lo pronto dudo de todo, a veces quiero creer que se fue a una ciudad a la que no estoy invitada por el momento. Entonces, la muerte me importa un bledo, si vivo gozaré lo que tengo y si muero dejaré de sufrir porque no lo tengo.

El doliente envejece cuando muere alguien que ama y ya casi nada le importa. Olvida por momentos a los otros que quiere y, tan pronto despierta de ese sopor, se repara o se amarga, porque el trabajo de aguantar ese "sube y baja" de emociones y pensamientos es agotador. Todo duele. Cuando uno pierde a un ser amado se siente como la piel quemada al rojo vivo. Así queda la mente de quien pierde un amor sagrado: abrasado y al descubierto.

Un año me enfrenté ferozmente con la realidad: aferrándome a la vida, a ayudar a los demás y a evitar pensar en mí. Así sentí que me desplomaba de rodillas al suelo, metafórica y fácticamente. Todo este desasosiego trajo grandes consecuencias como se verá más adelante.

Cuando lloro, por lo general, me siento aliviada; hasta que un día lloré sin consuelo. No podía levantarme, gritaba y golpeaba el piso.

Oscilo entre momentos de resignación y enojo por haberte perdido. Con tu muerte se me quitó el hambre, bajé quince libras e inició mi caída libre al ensimismamiento. Un mes antes del aniversario de tu muerte, regresando de las fiestas de diciembre y de confirmar lo mucho que me hace falta, me quedé paralizada en el sillón y pasé la noche en vela.

Mis dificultades para dormir se incrementaron hasta la noche siniestra que me quedé despierta, asustada, incapacitada e inundada por las obligaciones. Empezaba un año nuevo, tenía mucho trabajo y mis defensas de sobrevivencia fallaron. Mi desvelo tenía relación con el medicamento. Justo antes de cumplir veinticuatro horas despierta, vino una ambulancia para llevarme al hospital psiquiátrico. Necesitaba dormir. Necesitaba silencio. Mi mente se puso en huelga.

Entré al hospital en el que estuviste tres meses antes de tu muerte. Al llegar a emergencias tuve la experiencia psicótica más fuerte que he tenido en mi vida: una parte de mí se daba cuenta que alucinaba con el día de tu internamiento; la otra, me sabía en la cama. El delirio era complejo porque, aparte de recordar lo que te pasó, tenía elementos de las series de detectives que me gusta ver: observaba a un policía sentado afuera de mi habitación cuidando que no escapara. No sé cuantos minutos viví dentro de ese terrible sueño. Desperté sin memoria en un cuarto, asustada de lo que me produjo el internamiento.

En el hospital fui reconstruyendo lo que pasó y lo que sentí. Me alivió un poco la posibilidad de quedarme en cama pues estaba atemorizada.

Mientras estaba en la sala de espera, era a ti a quien veía transitar por esto. Necesitaba llenar las lagunas de mi mente y ese espacio era bueno. Te imaginaba constreñido a tu sufrimiento. Necesitaba entender lo que viviste ahí sin ser testigo. Pregunté a las enfermeras y a los médicos por ti, quería respuestas de lo que habías experimentado tres meses antes de tu muerte. Estaba en el mismo lugar donde te acompañé a internarte y así, en mi es-

tancia, comprendí mi curiosidad e impulso por entender tu rabia de estar aquí dentro, la impotencia de estar incomunicado; deduje lo que pudiste sentir al estar con gente más enferma. Con todo y mi espantoso dolor era un bicho raro dentro de la jungla de personas que no sabían el porqué de su encierro. Entendí tu enojo y sufrimiento. Me arrepentí de haberte llevado ahí pensando que los medicamentos podían detener tu vuelo.

Salí del hospital y dejé de resistirme a la tristeza. Me hundí en ella. Quería estar en silencio. Me dejé derrumbar agotada, pero solo mientras los demás trabajaban. Me asusté de lo que me pasó, sobre todo cuando se lo contaba a mis amigas colegas pues sus gestos me ayudaron a darme cuenta de la gravedad del hecho. Se mostraban preocupadas por mi delirio, mucho más de lo que admití al principio. Me di cuenta de que con este evento se había cumplido uno de mis grandes miedos: volverme loca. Había salido de ahí entendiendo que perder un hijo te lleva a lugares desconocidos de la mente.

Estaba llegando al fondo del duelo con toda la potencia de mi lamento a poco del primer año de su ausencia.

Los tres días que pasé ahí te imaginé conmigo y me vi siguiendo tus pasos.

Los aniversarios son difíciles, al igual que los cumpleaños. Me sentía derrumbada sin esperanza. Es aplastante sentir que no hay nada que hacer.

Tres meses después de tu internamiento, de que recibiste los medicamentos, la terapia y tuviste a nuestra familia unida para protegerte, tomaste la decisión más difícil de tu vida. Te sentí decidido a detener tu sufrimiento. Me sentía derrumbada. No hubo ayuda que calmara tus impulsos ni nuestro sufrimiento.

En el hospital pude estar en silencio y eso fue muy bueno. Aprendí que es un recurso posible cuando se muere alguien con quien no se acaba el duelo. Había algo que calmaba por ratos mi tormento, y cuando no, me abrumaba el encierro y la imposibilidad de encontrar recursos para no pensar. Todo lo que ahí veía me parecía perturbador: en el comedor había una computadora vieja que nunca supe usar, mesas redondas y un estante que guardaba libros y rompecabezas. El lugar era lindo por su silencio. La luz artificial me pesaba tanto como la insistencia de los trabajadores sociales para preguntarme por algo que no tiene palabras. Las reglas me ponían incómoda, pero carecía de ganas para pedir más privacidad. Entiendo su rechazo a estar ahí, en un lugar de puertas abiertas con personas que tenían un diagnóstico. Con la mirada en el techo me preguntaba qué hizo ahí, cómo fueron sus días sobrellevando su inquietud y su impaciencia.

Observé a algunas personas interesantes a quienes no podía dejar pasar sin aplicar mi mirada psicoanalítica: un hombre más joven que mi hijo era el único que tocaba el piano y sabía usar el ordenador; los demás desfilábamos por la computadora sin saberla usar. Era un aparato tan viejo y mal cuidado que no servía ni de adorno.

Conocí a una mujer de más de cincuenta años con una locura que era divertida hasta el momento en el que se angustiaba. Se ponía maniaca y las enfermeras corrían a contenerla para que no llegara al punto de quitarse la ropa. Se me acercaba mucho para decirme cosas lindas o se ponía insegura y me preguntaba si su cara maquillada en exceso era hermosa. Solo le preocupaba su físico y era fascinante ver cómo se adornaba.

Cada día llegaba gente nueva. Una tarde apareció un chico alto, guapo, barbudo y pulcro hablando español, usaba el teléfono para hablar con su familia y les insistía que no se preocuparan. Cuando no estaba al teléfono paseaba por los cortos pasillos con un pants gris y una camiseta blanca. En su cuello amarraba la sobrecama y se movía como quien recorre un reino. Caminaba como lo hacen los actores, era un hombre suave. Se acercó y me preguntó muy respetuoso si podíamos platicar, le respondí en español y su rostro brilló.

Me contó que su cuerpo había nacido hermafrodita y por eso tuvo la suerte de tener un hijo con un hombre, pero su hijo no se había quedado con él. Estaba en un lugar donde no lo dejaban verlo. A veces lo veía, pero se lo dejaba al hombre con el que lo había tenido. Insistía que tenía un hijo, que él era mujer y lo había cargado en su vientre. Me contaba su delirio con detalles mientras yo lo observaba con genuino interés. Se sabía escuchado. Cuando terminó su relato se levantó de su silla y dijo, —ahora vuelvo porque estoy muy confundido—. Pensé en Bion y en sus experiencias trabajando con grupos en los hospitales psiquiátricos al terminar la guerra. ¡Qué difícil trabajo!

Me senté en una esquina tratando de aprender sobre el dolor de todos los que ahí estábamos. Uno de los pacientes no hablaba y me veía como un niño con falta de mamá, me senté con él para jugar. No podía hablar y, a pesar de sus pequeños ojos rasgados, me veía con admiración: le estaba poniendo atención. El segundo día por la tarde descubrí a un paciente nuevo mirándome fijamente con la misma necesidad de los demás por estar cerca de mí. Me puso inquieta porque podía ver en su cara la perversión. Caminaba por los pasillos buscando mi mirada y cuando la encontraba me pedía que lo acompañara a su cuarto. No me gustó su insistencia. Me di cuenta que las personas más neuróticas compartíamos un cuarto para tres. Los demás pacientes (digamos los más difíciles) dormían solos. Mis compañeras de cuarto parecían amigas, una leía y la otra pintaba, no salían hasta que una enfermera intentaba convencerlas para salir de su encierro. Una parecía deprimida, la otra, anoréxica.

Al día siguiente el doctor me dijo que para darme la ficha de salida necesitaba participar en una terapia de grupo. Me dio una tremenda flojera hacer la actividad, pero no me daba otra alternativa. Debía bailar siguiendo los pasos de la maestra y disfrutando la música. Así todos estábamos igual.

> *Durante esos tres días estuviste en mi mente: ¿Qué habrías sentido?, ¿cómo habrías tolerado a los demás?, ¿te habrías integrado o recluido? Pensé que para ti fue una experiencia muy mala y que definitivamente nadie puede pasar más de tres días ahí. Me atormenta pensar lo enojado que estabas conmigo por haberte llevado a ese lugar. Imaginé que podías haberte sentido un bicho raro porque no estabas como ninguno de los pacientes que vi. Ni en tus momentos de enojo perdías la cabeza así.*

Ahora me parece que las etiquetas de enfermedad mental no están bien comprendidas ni bien manejadas. Ahora pienso que el abatido necesita ser escuchado mucho tiempo antes de ser diagnosticado. Las etiquetas llegan a ser castrantes y desatinadas. Ellas te ubican dentro de un grupo y te medican como a todos. No sé si sus medicinas eran para ayudar a calmar su manía o su dolor.

Empezaron los días de observarme y enfrentar mis dudas. Así es como entré a una crisis de identidad vocacional: ¿podría seguir escuchando otro dolor?, ¿podría ayudar a alguien más a calmarse, a pensar? Al tercer mes sabático me había acostumbrado a la tranquilidad, incluso me gustaba no andar a las carreras y tener todos los días para hacer nada. En un primer momento me pareció imposible, todavía no me sentía lista completamente para retomar mi vida, no tanto por la energía sino porque no quería hacer nada. Al mismo tiempo me dolía más pensar en lo que perdería si no lo intentaba. Empecé a trabajar y me encontré con el enojo de mis pacientes ya que a unos los llevó a abandonar su tratamiento y a otros a culparme de su dolor por mi ausencia. Comencé a trabajar de otra manera, más tranquila, escuchaba el dolor de los demás sintiendo más compasión. Seguía dudando qué hacer: si seguir con mi carrera profesional o continuar como ama de casa. Me hice regalos para interceptar el miedo, la angustia o el deseo de abandonarme a la nada. Tomé vacaciones, pero todo me seguía sabiendo a ausencia.

Cuando retomé mi trabajo perdí a la mitad de mis pacientes, hasta casi llegar al momento más fastidioso de mi práctica, que es volver a empezar. Las relaciones públicas habían dejado de ser excitantes para mí, socializar con desconocidos seguía siendo un reto.

Toleré la incertidumbre profesional haciendo lo que me gusta o me hace sentirme tranquila. Retomé mi trabajo como psicoanalista desde otro lugar. La tranquilidad se convirtió en aspiración y empecé a escribir sobre cómo alcanzarla. Me dio gusto la fidelidad de los pacientes que se quedaron y respeté los que terminaron su tratamiento durante mi sabático trimestral.

No podía explicarles el tamaño ni la intensidad de mi dolor o la incapacidad que me generó tu desaparición.

Después del hospital tardé varios meses para encontrar a una terapeuta que hubiera vivido lo mismo, conociera de lo que estaba hablando, entendiera muy bien mi sentir atribulado y me recordara cada cita para no faltar. En estos casos se requiere de alguien que haya vivido ese dolor y la dimensión de la tristeza. La terapia se convirtió en un motor que ayudaba a encontrar más maneras de sobrevivir. Si bien es cierto que toda pérdida duele, no me parece que haya jerarquías de duelo. La muerte de otros no se entiende hasta que pierdes a alguien importante en tu vida.

Los años en que fuiste parte de esta familia han hecho historia y tu imagen está presente en todos cada día. Si tú no pudiste sobrevivir, lo haremos por ti, para mantenerte muy cerca, protegerte en nuestro continente y para que tu recuerdo sea el consuelo de que nunca dejarás de estar junto a mí.

Tú sabes que, a pesar de mis limitaciones, te amaba y deseaba lo mejor para ti. Lo sabías y me agradecías por ello. Lamento decirte que esas hermosas cosas que me decías no siempre hacen eco cuando me pongo triste, pues con tu muerte es inevitable pensar que fallé.

No había ninguna buena salida mediante el pensamiento. Por lo tanto, en un duelo como éste, hay que dejar de pensar. Las emociones son lo único que cuenta en cada momento de la vida. Los sentimientos fluctúan en intensidad y se ligan a un contenido que elegimos. Pero hagámosle caso, que es lo que tenemos; de lo otro, especulemos, seamos escépticos. En el duelo los sentimientos que surgen son tormento. Escuchemos las variaciones de dolor que gritan con el impacto y estaremos mejor cuando desistamos de pelear con la realidad. Hay que aprender a tolerar el dolor, es mejor dejar de actuar cuando lo sentimos y disponernos a ser curiosos por la forma en que lo percibimos. Cuando el doliente se detiene a sentir su dolor abre la puerta de su mente para sentir compasión por sí mismo y por el que se mató.

No hay dolores pequeños, grandes o inmensos, no se pueden jerarquizar. Cuando traspasa el esófago no existe nada más que el discurso de la culpa, el enojo o el berrinche. Es impotencia la que se siente por no poder cambiar el destino de nadie más.

El dolor viene en dos presentaciones: los que se pueden nombrar y los que no. La diferencia es el tipo de vínculo que uno tiene con la persona que muere y eso es proporcional a la intensidad y a la cercanía previa a la muerte. La única persona que sabe de la intensidad del dolor es quien lo vive. El dolor de perder un hijo es innombrable. Cuando muere un padre, al hijo se le llama huérfano; cuando se pierde a la pareja, quien sobrevive es su viudo; pero cuando se muere un hijo la madre que sobrevive no tiene nombre, pues es un error de la naturaleza.

Esta melancolía me llevó a pensar que estaba destinada a ver morir a cada uno de mis hermanos por ser la más pequeña de la familia. La vida requiere de esperanza para rendirse a la inevitabilidad de la muerte de los que amamos. Llegará cuando llegue y dolerá en la misma herida que dejaron mis padres. Los hijos que mueren pertenecen a lo innombrable.

La relación con la depresión de los demás es bastante ingrata a pesar de ser una de las enfermedades mentales más comunes. Seguramente lo sentiste tú también, te sentiste incomprendido. No sabes cuánto lo siento. El ser humano no sabe nada y su error es creer que sabe todo, de eso me doy más cuenta. Cada persona ve su vida desde su lente, se convence o improvisa sus teorías, se adhiere a la física cuántica y nos muestra que no sabemos casi nada.

Pienso que la lucha sigue entre los que piensan que nacemos para aprender y los que piensan que nacemos para morir. Para mí, ambos tienen razón, aunque muchos creen que se contradicen y hacen una carrera para probar lo ilógico de la postulación.

Ya les había comentado que mientras llegaba la familia le llamé a una amiga colega quien, con autoridad y seriedad, me recomendó que no hiciera público el motivo de la muerte de mi hijo. Me insertó la explicación de que había muerto por accidente. Esa forma de morir era muy conocida para mí, mi hermano había muerto así y en mi mente armé un discurso social que me pesó desde el primer día que lo formé. Creo que para creérmelo también.

Esto se sostuvo unas horas entre los conocidos y los menos frecuentados quedaron confundidos. No podía mentirles a mis amigas, ni a los amigos de mi hijo, no podía mentirle a mi familia. Todos sabemos que para generar un secreto se requiere que sólo uno lo sepa. Así, en cuestión de días, el círculo social al que de alguna forma pertenecemos lo fue divulgando. Entonces decidí que lo que mi hijo hubiera querido es que todos lo supieran y entendieran que no hay que temerle a la vida porque ahí no se acaba todo.

Casi al año de su muerte quise hacer un santuario que contuviera mi pena. Encontré la propiedad de mis sueños y la decoré acompañada de mi hijo muerto: cerraba los ojos y le contaba mi suerte. A pesar de mis quejas por la forma de construir en San Francisco él me dijo, antes de morir, que sí había casas como yo quería: con vista a la bahía y un espacio verde para vivir acompañada de las aves. Salí del hospital a crearla.

Soy una persona de casa y necesito belleza para calmar mi tristeza. La mente nos hace muchas trampas cuando perdemos un hijo: a veces nos quita el derecho a disfrutar otras nos quita el derecho a sentir. La muerte por suicidio es tan fuerte, violenta, precipitada y sorprendente, que no se entiende nada.

Me di a la tarea de probar cosas nuevas y ver como me sentía, qué era lo que me gustaba y qué me hacía sentir mejor. Primero busqué las terapias alternativas y algunas de las maneras en las cuales me podría sentir un poco mejor.

Me hablaste sobre los beneficios de meditar, aunque hubiera días que no podías parar tus pensamientos obsesivos. Al morirte lo intenté pues recuerdo que te sirvió muchos años. Bajé una aplicación que progresivamente aumenta el tiempo de la meditación, añadiendo mantras que te sirven para parar el pensamiento y regalarte un respiro. Es muy recomendable meditar, aunque sea por cinco minutos, tres veces al día. Lo hice varias veces hasta que encontré mi manera de meditar, tal como me explicaste: en cualquier parte y en cualquier momento aférrate a tu respiración, a la música o a un mantra y para de pensar. En el dolor se necesita tregua para continuar y eso verdaderamente ayuda.

También fui a una sesión de "*Jin Shin Jyutsu Psysio-Philosophy*" para ayudar a fluir mi energía. Me servía mucho a relajarme pues mi duelo me tenía más rígida que ahora con el paso del tiempo. Al principio lo hice dos veces por semana pues eso era lo que sentía que mi cuerpo necesitaba, me soltaba de mis amarres para fluir, iba a reparar mi sueño. A los tres meses fui disminuyendo su frecuencia y busqué otras opciones de curación. Me imagino que cada persona que vive un duelo tiene que regalarse una hora deliciosa de no pensar. La sesión tardaba una hora y media y, al terminar, se alcanza un estado de relajación que ofrece fuerza para continuar.

Experimenté estar tres meses sin trabajar. Era la primera vez en la vida que tomaba un tiempo para dejar de hacer, y poco a poco, me fui sintiendo mejor para continuar con mi vocación. Traté diferentes tipos de masaje corporal: la acupuntura, ese era más doloroso que relajante y el dolor mental tendía a aumentar; el masaje de terminaciones nerviosas, me gustaba el trato de la terapeuta pero la técnica era tan fría como el dolor; al final encontré un masaje de relajación combinado con fisioterapia que me sigue aliviando y ayudando a conectar el cuerpo y la mente.

Traté de hacer todos los tratamientos holísticos, aunque siempre he sido una escéptica. Conozco personas quienes dicen que funcionan: flores de Bach, homeopatía y farmacología. Pienso que lo que más sirvió fue proponerme sobrevivir y sentirme mejor. De lo más importante en un duelo es estar acompañado de alguien que funcione de sostén. Una de las mejores pócimas para curar el dolor es el amor de la familia y de los amigos, que son familia también.

Retomaré la costumbre familiar de pasar los cumpleaños juntos como cuando eran pequeños. Festejaremos el tuyo cada año para brindar por ti, para recordar tu capacidad de disfrutar y tu bondad. Cuando estoy con tus hermanos te imagino con nosotros, siento con fuerza tu falta, así como la seguridad de saber que nuestro dolor es contenido por el apretado vínculo entre nosotros.

En mi nueva casa puse una terraza y la llené de flores. Cuando me siento triste me siento a ver colibríes y a los pájaros bañarse en su bandeja especial. Aprovecho los días que me siento mejor para hablarle a las flores, sentirme rodeada de belleza me hace bien.

No salgo a diario porque a veces la tristeza y el quedar expuesta a la luz intensa o al frío superan mi deseo de abrir la puerta que da al jardín. Eso sí, intento hacer algo que me guste y me haga sentir mejor cada día.

Inicié mis pláticas con las plantas al notar que el jardín del resguardo que había construido para pensarte se marchitaba. El "jardín refugio" es un buen calmante y hablarles a las plantas para que crezcan hermosas, me hace sentir con más intensidad tu presencia en mi ser.

Creo que al año de la muerte de alguien tan cercano me di cuenta que necesitaba hacerme una casa continente que sostuviera mi pena con su calidez. La casa es un representante materno, tiene muchas bondades si se piensa así. Me construí dos espacios para pasar los días que quiero quedarme en casa, me gustan tanto que me ayudan a contener mi tristeza. La belleza calma y permite salir del dolor para pensar, escribir o estar.

Me parece que cuando uno vive un dolor tan grande es indispensable rodearse de belleza para mitigar la pena. En estos momentos del duelo recorrer mi hogar me calma y, cuando no tengo ganas de moverme, me quedo quieta en el lugar que me acompaña.

Tengo un cuarto fresco, otro lleno de luz y uno perfecto para el invierno. La hice pensando en ti. Imaginé lo que me estarías diciendo de cada lugar.

Mi día gira alrededor de los tiempos que tengo dedicados para escribir. Cada día intento mantener una rutina. Aunque pueda parecer imposible acostumbrarse a darse algo bueno que ofrezca contención cada día, tomen en cuenta que ayuda mucho a suavizar el dolor de la pérdida.

Ahora que tengo mi patio de flores, veo sus fotos y me acuerdo de algún día o el momento en el que una palabra dicha nos reunió. Lo que yo llamo "hacerse una casa como refugio" supone crear cada espacio de ella como un ambiente preparado, donde fluyan las energías y te brinde paz, un ambiente que genere inteligencia, bienestar y creatividad. Al terminar mi refugio quise ayudar a las personas a pensar sus espacios para sentirse mejor, pues me di cuenta lo conectada que está la belleza con la emocionalidad. Hacer la casa me sirvió también de elaboración.

Tus amigos y los míos me llenaron la casa de orquídeas y ahora necesito aprender a cuidarlas, son tus representantes, mi amor. Perderte me dejó un hueco que imagino tendré que llenar con esperanza, pues no queda nada más. No te puedo llamar por teléfono, ir a comer ni planear el próximo viaje familiar. Como compensación busco en la música y la naturaleza lo que era tu fascinación.

Para mi sorpresa un halcón de cola roja se paró en la barda a una ventana de distancia de mí. La piel se me erizó, sentí miedo y mucha atracción. Se quedó suficiente tiempo para que pudiera constatar su tamaño, fuerza, elegancia. De repente me dio la espalda y voló, me regaló esa visión que se me grabó en el corazón.

Se supone que esas aves no se paran en las bardas de las casas, por lo general usan árboles o postes para descansar. Durante días me estremecí pues me hizo recordar lo mucho que había hablado con mi hijo de los halcones cuando venía a visitarme. Nos parábamos junto a la ventana para buscarlos al atardecer. Admito que no era espiritual antes de que mi hijo muriera, no me cuestionaba ninguna pregunta filosófica sobre la existencia y, desde su muerte, estudiar no ficción es lo que me hace sentir mejor. Me parece que lo más espiritual fue planteado por nuestros antepasados. Profundizaron hasta que la religión decidió cómo y qué pensarían los demás. Se acabaron las preguntas filosóficas y llegó el dogma. Acallaron sus dudas con doctrinas y sometieron al pueblo a través de la ignorancia.

Los filósofos se reunían para hablar de sus dolores, frustraciones y miedos, todos ofrecían una forma de pensar sobre lo que podría ser la vida después de la muerte. Preguntarnos es pensar, pero para eso hay que tolerar no saber. Me parece que el mundo ya tiene suficiente experiencia para conocer que todas las teorías han sido sustituidas por otras. No hemos llegado a la verdad porque es más lo que desconocemos que lo que sabemos y, de inicio, lo que existe es tanto y tan variado que necesitamos expandir la mente para evolucionar.

Éste es el segundo libro que escribiremos juntos. El primero fue sobre Orientación Vocacional, un poco me inspiraste tú y otro poco tus dudas. Leías los ejercicios que creaba y me dabas tu opinión. Ahora me encuentro pensando algunas de las cosas que hablabas y no cuento con tu opinión ni tu compañía. Pero perduran tus preguntas y me inspiran para aprender. Aspiro a tu sensibilidad para observar las relaciones de los demás. Le apuesto a la humanidad, hijo. Además sigue algo muy vivo entre nosotros. Te siento muy cerca y muy lejos, dentro y fuera de mí. Por eso todo lo que sigue a continuación son coincidencias: eventos que suceden dos o más veces. Después de tu muerte tuve momentos que se sentían ominosos, mágicos, maravillosos y hasta perturbadores. Como si las cosas estuvieran conectadas por el hilo invisible de la energía o por la fuerza de mi deseo por no perderte.

Me obligo diariamente a pensar lo que me gustaría regalarme hoy: ejercicio, descanso y antojo. En lugar de empujarme a saltar de la cama siento mi cuerpo y pienso qué está sintiendo. Al dolor hay que observarlo con curiosidad hasta que tome un ritmo que nos permita escuchar su ansiedad. Es inevitable, lo único que podemos hacer es mantenernos quietos y sentirlo. El dolor, cuando se siente, va menguando, permite ser calmado por la sonrisa de un amigo, el amor sincero o el abrazo apretado. Vivir es una decisión, vivir tranquilo es un trabajo que vale la pena porque es lo que más se asemeja a la felicidad.

Ya estoy en la etapa del duelo donde veo tus fotos y sonrío. Ya pasó la culpa y el enojo, la tristeza ya se adhirió a mi cuerpo. Me cuestan más las mañanas en las que tardo en despertar y algunas noches de angustia que no me dejan descansar. El llanto llega cuando me doy cuenta de que no estás junto a mí. Hay días que me arrastro por vivir un día más sin escucharte y otros que desde que sale el Sol te siento conmigo.

Ya se me pasó la manía del principio, esa que te apresura a trabajar, a no pensar. Trabajaba sin parar. Me hice una rutina de sobrevivencia: despertar, limpiar, trabajar, limpiar, dormir. La culpa aminoró, ya me conformé a que mis preguntas no tengan respuesta y ahora lo que trato es aceptar que estaba sufriendo más de lo que imaginé y de lo que me quiso compartir.

Diariamente escucho tu voz, siento mi mano en tu rostro, mis dedos acariciando tu sien para decirte: no pasa nada, mi amor. Siempre estaré para ti aunque tú no estés aquí.

Cual adulto hiciste tu voluntad y me quedé dudando de todo lo que un día pensé que era verdad.

Finalmente, después de un año y medio de vivir sin mi hijo, desperté pensando que ya me había pasado todo lo espantoso que a una persona le puede pasar. Me resigné a vivir, me reconcilié con la vida que me lo quitó y pude empezar a escribir pensando en él.

Tu muerte me ha hecho dudar de mis propias dudas y me permite abrir la posibilidad de entender que sobre la muerte y la vida nos falta mucho por saber. Me acuerdo que me decías que la muerte no existe y que estaríamos cercanos cuando cruzara el puente.

Fui comprendiendo que la calidad del amor, la empatía y la aceptación nos acerca más a la vida que el enojo. Aprendí que forzar un cuerpo roto quebranta, hay que dejar de pelear contra la realidad y cuando esta se acepta, sirve para no amargarte y morir. El duelo es un proceso que confunde, da pasos para adelante y para atrás. Cuando llega el dolor hay que aprender a cobijarse, regalarse, quererse y perdonarse. Cuando el dolor cede hay que reír y disfrutar. No hay que olvidar que a todos nos falta algo y a otros, más.

Cuando se pierde un hijo, una madre o un gran amor, la soledad de su falta es real. Es una pérdida que te marca, te duele y te transforma en alguien que no quiere pelear. Porque la muerte de cerca te hace comprender que no hay para qué discutir, es mejor sonreír sin concordar.

Aunque resignada, noto que el peso de la ausencia se siente todo el día y, por momentos, hay que encontrar formas para conectarse con la vida. Nadie nos puede ayudar a sanar; pero si nos dejamos querer, hay quienes pueden distraernos del dolor con su amor. La vida se vuelve fácil gracias a que casi todo se torna irrelevante. La ausencia enseña a valorar. Si descubrir el amor fuera una aspiración humana nos cuidaríamos mejor a nosotros mismos y a los demás.

Mi hijo era un hombre espiritual. Me habló del duelo, de sentir en vez de extrañar. Me habló de la culpa, me dijo que trabajara con ella para extirparla porque no tiene sentido insistir en lo que ya pasó. La culpa puede ser persistente, perseverante y obstinada, pero tenemos la opción de empezar cada día con la experiencia de no repetir. La cura llega cuando aceptamos sentir algo roto y entendemos que se puede transformar ayudando de alguna manera a alguien más. Hay que obligarse a repetir los buenos momentos, especialmente cuando sentimos una dosis fuerte de dolor.

Hasta que te pasa algo terrible en la vida aprendes a poner en perspectiva lo importante. Te haces consciente de que, para no pelear, debes escuchar. Para amortiguar las pérdidas, solo sirve amar. La mejor inversión en la vida es aprender. Todo se puede ver desde lugares distintos y es mucho más lo que nos falta conocer. Amar mejor supone hablar con la sencillez del que no sabe, dirigirte a cualquiera con el respeto que le brindamos a la autoridad, amanecer diariamente con la intención de cuidar la fragilidad del otro; es un ejemplo fácil de seguir.

La muerte de mi hijo ha sido una oportunidad para ver lo que no había podido, sentir lo innombrable y replantearme mi vocación. Valoro mucho más el silencio y la honestidad. Los hijos somos herederos de los errores de nuestros padres y ellos serán los transmisores de cultura para sus hijos. No hay culpables, no existe la perfección ni "la mejor madre". Los hijos van creando su voz, sus ideas y forma de ver la vida. No sabemos qué han aprendido de lo que vieron en casa, la escuela o con sus amigos y maestros. Sólo conocemos algunas partes de ellos, las que nos quieren mostrar y las que podemos ver. Se hacen adultos a través de lo que viven, experimentan, conocen, leen y lo que hacen por curiosidad. Los padres de hijos adultos sólo representamos un antiguo modelo para ser o para no ser.

Mi hijo me enseñó en vida a sentir más curiosidad, a no preguntar, a cargar menos culpa y buscar con pasión lo que me hiciera feliz. Eso es lo que trató de decirme durante el último tiempo que pasamos juntos. Los hijos transitan por los caminos que una vez vivimos, pero dentro de su cultura y grupo social, con las dudas propias de su generación. No es igual a lo que vivimos cuando teníamos su edad, lo único que podemos tener en común es la ansiedad de crecer.

Ningún autorreproche regresará la vida de nadie. Nada de lo que uno piense cambia el destino de otro. La realidad es lo que es. De lo demás hay mucho más que no sabemos y aprender es una posibilidad.

Cuando mueres me doy cuenta que la única forma de vivir, después de haberte perdido, es tratar de recordar lo maravilloso de nuestra relación, humanizarte en vez de idealizarte y ayudarme a disminuir la culpa.

Con la muerte de un hijo los problemas dejan de ser prioritarios y ya no se apoderan de nosotros porque tienen solución.

Después de cumplir un año y medio desde que no te veo, que no toco tu cara, me doy cuenta que tengo que salir a la vida para ayudar a otros como tú, a otros como yo. No puedo ser otra cosa más que lo que soy porque no sé hacer más que lo que sé. Me alivia poner mi mente curiosa al servicio de los demás para ayudarlos a pensar. Los años en que fuiste parte de esta familia han hecho historia y tu imagen sigue presente cada día. Si no pudiste sobrevivir, lo haremos por ti para mantenerte muy cerca, para protegerte en nuestro continente, para que tu recuerdo sea consuelo y para que nunca dejes de estar.

Trataré de seguir reflexionando en lo que se necesita para morir de un salto y aprender las nuevas formas de vivir, sabiendo que la muerte es lo que sigue y no hay piedad para el sufrimiento.

Mientras tanto tratemos, quienes estemos en duelo, de hacer salir el Sol.

No hay más.

Parte 2
Te Reproduces

Segundo Capítulo
La otra cara del duelo: la esperanza

"Soy realidad sin comienzo, no soy parte de la ilusión de yo y tú, eso y esto, soy uno sin un segundo, una bendición sin fin, una eterna verdad que no cambia. Estoy en todos los individuos en su pura consciencia, el terreno de todo lo que sucede, interno y externamente. Soy los dos, el que disfruta y el que es disfrutable. Cuando era ignorante pensé que todo estaba separado; ahora sé que soy todo."

—*Shankra*

"Para que todos sean uno; como tú, oh Padre, en mí, y yo en ti, que también ellos sean uno en nosotros; para que el mundo crea que tú me enviaste."

Juan, 17: 21

Quien pierde un hijo se enfrenta casi inmediatamente con la decisión de vivir o mal vivir. Así, tajante, como la relación con la vida —o todo o nada— ya que el estado intermedio es amargura, lástima y desconsuelo; y el auto-castigo no recompensa.

La irreversibilidad de los acontecimientos deja claro que la vida llega y se va en el momento menos esperado, que "mal vivir" es fácil, nos sale espontáneo pues es un estado de ánimo que conocemos bien; por algo la depresión es la gran enfermedad de esta época. Se arraiga en el desamparo con el que nacemos, ese odio inherente que no logra balancearse porque nadie nos ha enseñado a amar mejor. Cada día que pasamos en el abismo del duelo hace más difícil aprender a vivir. De ahí la urgencia por capitalizar el amor con fuerza y usar la que quede para rescatarnos a nosotros mismos.

Decidir vivir es difícil, requiere trabajo para recuperarnos de la amargura que es secuela del profundo dolor. Es necesario encontrar un momento dulce para aprender a repetirlo rutinariamente. Nos demanda embellecer los pensamientos con recuerdos amorosos y saber que no habrá un día sin tristeza, pero sí momentos acompañados de amor que nos facilitarán la resignación. Gozar es un compromiso y reír es un deber. La intensidad del dolor cambia cuando hacemos las paces con la vida y con quien murió, pues ya bastante has sufrido para condenarte más. Cuando llegue la calma sabrás que te ha llegado la resignación. Es entonces cuando dedicarnos a amar mejor se vuelve el simple propósito de la vida, quedó claro que nos falta transmitirlo más.

Tu muerte me provocó buscar la correspondencia que habíamos tenido durante los últimos años. Sentí pena por los pocos intercambios que tuvimos. Las llamadas por teléfono no sirven para acariciar el duelo y ahora que no estás aquí, me quedan las letras y tu voz.

Entre todos, este párrafo me intrigó y me acompañó en esta expedición:

"Es mi filosofía de vida que la muerte simplemente no pasa. Aunque no tengo fundamentos, presiento que es un mito difícil de enfrentar y es todo. No les pido me crean o me convenzan de sus filosofías de vida. Cada quién tiene la suya."

Mientras lo leía escuchaba tu voz diciéndome —Mamá, tú lo puedes entender. Tú más que nadie—. En ese momento y en aquel café, tu mirada triste, mis manos en tu cara y sin saber si era capaz de comprender.

La muerte de mi hijo me llevó a la librería a encontrar respuestas sobre una pregunta que no podía formular. El diálogo interno era confuso porque el enojo me hacía murmurar a todas horas —no puedo creer que no estás—. Muchas personas hablan del significado de la vida, a mí me parece que esa es la gran ilusión del ser humano, creer que se nace con una misión. La vida se va presentando y mientras mejor aprendamos a resolver los problemas que supone respirar, más tranquilos estaremos y mejor podremos disfrutar.

La vida debería ofrecer un curso de resolución de problemas y comprensión del inconsciente para entender que somos un paquete de pasados transgeneracionales desde nuestro origen, que la mayoría de ellos son incognoscibles y los que sabemos no los podemos cambiar. Este viaje es una aventura incierta que depende del azar, la probabilidad y la sincronía. Acata leyes físicas, matemáticas y de la naturaleza. Depende de nuestra capacidad de insistir que es un misterio y se vale soñar, sobre todo cuando lo que encontremos esté avalado por la ciencia.

Pensé que mi exploración teórica podía representar una forma de negar la muerte de mi hijo, lo acepté y me puse a estudiar para pelearme con la realidad. Mientras aceptas el destino que te tocó hay que luchar, retar y dudar si solo lo que ves existe. A continuación, les relataré lo que hice con mi punzante dolor: encontrar argumentos sólidos y lógicos para no morir. Mi negación tiene título: uno de los destinos de la consciencia.

Compré algunos libros sobre física, relatividad y la Teoría del Todo. Empecé con Einstein y terminé con Lanza. Leí sobre la consciencia, desde Damasio quien insiste en ubicarla en el cerebro, Riccardo Manzotti que piensa que la consciencia es solo una y Jung quien habla del inconsciente colectivo. Leí sobre espiritualidad y el espiritismo; sobre neurociencias y parapsicología. He aquí lo que llamó mi atención.

Hay ideas que surgieron a finales del siglo XIX que ahora convergen y están a punto de saltar a un entendimiento distinto sobre la pregunta existencial: "de dónde vengo y a dónde voy". Son muchos los intentos científicos para resolver las hipótesis de la Teoría del Todo o del Campo Unificado, misteriosas e increíblemente lógicas. Como para todo, tienen que pasar algunos años más de observación y testarudez hasta que los escépticos acepten una idea nueva, pero según entiendo no estamos muy lejos.

Hay innumerables ejemplos en la ciencia que dan cuenta de los retrocesos y avances del conocimiento. Así le pasó a Demócrito cuando Aristóteles no estuvo de acuerdo con su teoría atómica y le pasó a Einstein mientras aceptaron su Teoría de la Relatividad. Le sucedió a Freud con su teoría de la sexualidad pues en su momento fue escandalosa. Mientras menos convencional sea la idea por probar, más tiempo tardará en ser comprobada.

La siguiente fase en el planteamiento de nuevas ideas surge una vez que la corriente principal acepta que lo observado es importante y sus efectos interesantes y más fuertes de lo pensado. Hasta aquí van los resultados sobre el destino de la consciencia y la legitimidad de los fenómenos extrasensoriales; lo claro es que el horno emite su dulce aroma. Esto es gracias a la estabilidad de los resultados, un gran primer paso para que la comunidad científica los acepte.

Les propongo dejarse llevar por mi sueño, el cual ha sido un gran intermedio para el dolor. Pero les advierto que cuando el conocimiento dogmático se mete por la piel, la ignorancia sale por los poros. Por tanto, aquel que no quiera creer y se conforme con aferrarse a una teoría, no confiará en nada fuera de lo convencional.

Las teorías surgen primero por observación empírica y después por comprobación matemática. Una cosa son las señales que vemos en la naturaleza y otra las evidencias, pero sin las primeras es un hecho que no podemos comenzar la investigación. Me parece que ha llegado el momento de unir la física con la biología para encontrar las respuestas en la naturaleza, esa misma que estamos destruyendo consistentemente.

René Descartes: Pienso, luego existo

Einstein y Jung en Suiza, Freud en Alemania y James en Estados Unidos, fueron los principales interlocutores de final de siglo. La Teoría de la Relatividad, la Teoría de la Mente y la Teoría Parapsicológica se intersectan en puntos que darán paso al nuevo conocimiento del siglo XXI.

Einstein comenzó al comprobar la hipótesis atómica que planteó Demócrito siglos antes y así nos regaló la primera imagen del universo. Fueron muchas sus aportaciones: la Teoría sobre el Espacio-Tiempo, la de las Partículas Enredadas y las bases para la Teoría de las Cuerdas y la del Campo Unificado. El hecho de que nuestro cuerpo esté compuesto por moléculas igual que las montañas o el mar es algo que el ser humano no ha podido entender con profundidad. Para comprender estos conceptos me parece que tenemos que recurrir a la creatividad de nuestra imaginación para meterle pasión. Los invito a dudar.

Vivimos en este hermoso universo sin fronteras, lleno de estrellas y una de ellas es el Sol. Toda la materia que vemos ya sea una persona, una mesa o una roca, está formada de átomos. Los átomos son el centro de una molécula y dentro de los átomos están las partículas: fotones, protones, electrones, neutrones, quarcks y leptones. Su función es transportar energía e información dentro de la materia y fuera de ella. La rapidez de su movimiento y lo diminuto de sus partículas los hacen imperceptibles e incognoscibles para todos por igual. Pero no porque no los veamos significa que no están. A veces hago el ejercicio de sentarme en un cuarto de mi casa e imaginarme cómo sería si tuviera unos lentes especiales que los hicieran fosforescer para verlos danzar entre mi cuerpo y todo lo que está a mi alrededor.

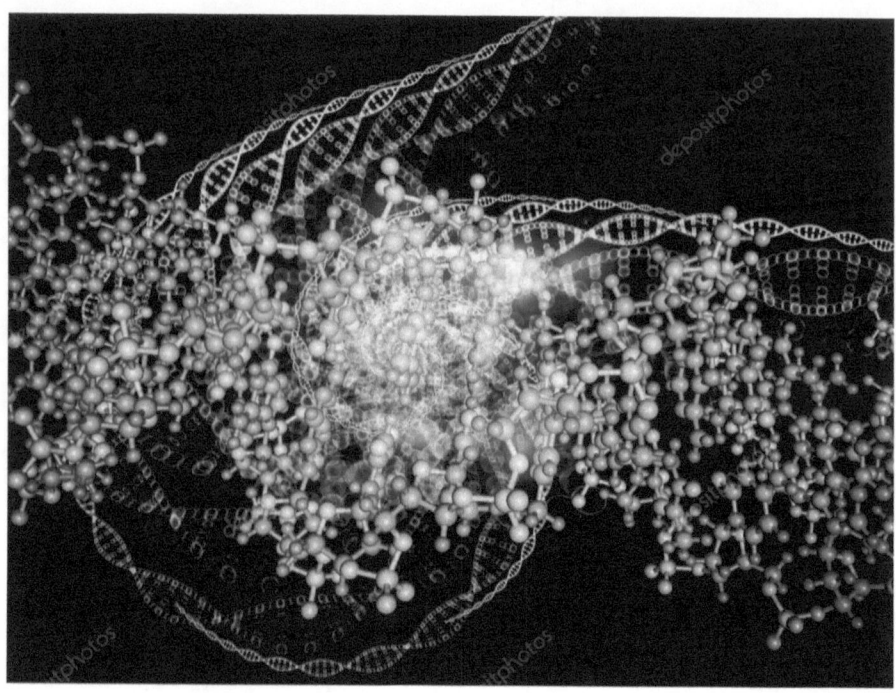

Pensemos que los átomos son como las letras del alfabeto[1] y dependiendo de la forma en que las combines surge tu nombre, mi tragedia o un poema de amor.

Alguna vez escuché que el tiempo no existe y lo primero que se me ocurrió fue dejar de festejar mis cumpleaños. Aunque Einstein trató de explicar que la idea del tiempo nos ayuda a ver el mundo como lo vemos y no como es en realidad. Es cierto que vamos envejeciendo, pero eso no tiene nada que ver con el tiempo ni con el cambio. La idea del tiempo está muy arraigada en nuestro lenguaje y la mayoría de la gente sí quiere seguir contando los años que cumple; sin embargo, el tiempo y el espacio no pueden separarse[2] jamás. A Einstein se le ocurrió explicárnoslo así: los

---

[1] Demócritus
[2] Einstein

invito a poner dos relojes de pulsera marcando la misma hora, uno en el piso y el otro en un mueble. Si dejamos pasar un día, podremos darnos cuenta de que el mismo tiempo en distinto espacio pasa de forma diferente por fracciones de segundos y si los sumamos nos pueden dar unos quince minutos en los que no estamos ni aquí ni allá sino en otro lado. El reloj que se quedó en el piso es más lento que el que se colocó en un lugar más alto, esto significa que para los que viven al nivel del mar el tiempo ocurre una fracción de segundo más lento que para los de las montañas. De ahí que en la ciencia la medición tiene que ver más con latidos o el pulso que con las manecillas del reloj. Es muy fácil entenderlo cuando viajamos y la familia se queda en un espacio-tiempo mientras que nosotros elegimos Australia, por ejemplo.

El argumento de nuestras arrugas como explicación del cambio de nuestro cuerpo tiene relación con la desorganización biológica de los organismos y no con el tiempo. Para entender que durante el día hay fracciones de segundos perdidos sin tener consciencia de ello pensé en la película *Cinema Paradiso*. Salvatore pone nuestra historia en una tira de película, la proyecta y se da cuenta cómo la vieja imagen se va desvaneciendo mientras la nueva va resaltando. El problema es que si de casualidad quiere ver la escena de nuestro primer beso tendrá que pausar el proyector para ver un cuadro determinado, ciertamente verá la escena, pero se perderá del camino que sigue este encuentro y es en la incertidumbre de lo que ocurrió que la mente completa la historia. El problema se complica porque para ver ese momento la mente te lleva a percibir una característica (cuando le pone la mano en la cintura), la otra (el beso) o una sensación vaga de las dos. La pausa anuncia que en todo lo que vemos hay una "zona intermedia" la cual no es ni pasado ni futuro, sino un tiempo entre tiempos muy pequeño que depende de la distancia existente entre uno y lo que se quiera observar. Si el objeto está muy lejos de nosotros la zona intermedia es mayor y hay más tiempo que no es ni pasado ni futuro, como cuando observamos a través de un telescopio.

Digamos que vemos un niño en la plaza a varios metros de nosotros, la retina capta esta imagen al revés y, mientras tanto, el proceso visual permite formar una imagen de la escena en mi mente, así pasa un lapso de microsegundos imperceptible para los seres humanos. Son minutos al día cuando la mente no tiene la capacidad de percibir los procesos para ver o decidir, pues no son ni pasado ni futuro, no están ni aquí ni allá, sino en otro lugar.[3] Digamos que vivimos en una ilusión de saber, conocer y entender. Lo invisible a nuestros ojos no existe hasta que lo vemos, pero no por eso significa que no es real. Aunque no veo los átomos salir de mi cuerpo no quiere decir que no estén. Todo lo que experimentamos ahora o en nuestros cuerpos es un montón de información ocurriendo en nuestra mente y llega transportada por los átomos del universo que chocan con nuestras neuronas y nos dan información. Ahí está la percepción de nuestro cuerpo y de todo lo demás. Lanza dice que las cosas están cuando las vemos, las creamos con nuestra percepción.

La Teoría de las Partículas Enredadas me pareció enigmática. Hasta Einstein pensó que la posibilidad de que hubiera una velocidad más rápida que la de la luz, que permitiera transmitir la información simultáneamente a cualquier lugar del universo, sería escalofriante. Aunque todavía no se ha podido concluir a qué se debe que las partículas que una vez estuvieron conectadas, al separarse, puedan irse a una galaxia a billones de años luz de su complementaria y seguir manteniendo contacto, comportarse al unísono y tomar la acción complementaria. Así que una molécula con mi información se traslada a otro espacio con mi información. Es como imaginar a un espía quien se muda a Europa y toma la identidad de otra persona. Así, en lenguaje coloquial, nos llega la información de una tragedia y simultáneamente la recibe una familia que vive a diez mil kilómetros de distancia. La maravilla es que entre todos nos mantenemos

---

[3] Einstein

comunicados pues de alguna manera esta información se duplica, habrá que ver si los recorridos de la información son capaces de formar el inconsciente colectivo.

Las ondas electromagnéticas y los fotones de luz viajan siempre a la velocidad de la luz. Si un objeto responde a una situación de la misma manera que otro, en otro lugar y al mismo tiempo, puede significar que hay una velocidad infinitamente más rápida que lo lleva a transportarse simultáneamente a otro lugar. De haber tenido más tiempo quizá Einstein[4] habría podido explicar la Teoría del Todo que imaginó, pero que no pudo comprobar.

Entiendo la dificultad de imaginar que todo está interconectado y que la información que llevan nuestros átomos se transporta súbitamente a otro espacio-tiempo que existe a miles de años luz. Si bien es cierto que no está comprobada la existencia de otro tipo de velocidad, lo que sí se sabe es que "algo" se transporta instantáneamente. Lo que nos muestra este resultado una y otra vez, es que la mente del observador determina el comportamiento de los objetos externos. Como si los fotones supieran qué información van a recibir en el futuro y qué camino siguió.

La naturaleza en un nivel cuántico no es una máquina que va inexorablemente siguiendo un camino. Todo depende de qué experimento hacemos, qué pregunta buscamos contestar y de la herramienta de medición que usemos. Lo que no miro no está, cuando lo miro lo provoco y todo esto influye en la respuesta que vamos a encontrar. Entonces, lo conocemos cuando lo vemos, pero lo vemos porque primero lo pensamos. Es confuso cuando lo que vemos, es una ilusión de lo que es invisible a nuestros ojos. En otro plano y con otros métodos de observación que no son los ojos, se ve cómo los átomos de la materia se mueven y se intercomunican con otros que están en distintas latitudes del universo. Se ha

---

[4] Winneland (2001)

comprobado que la información se mueve, salta y ocurre entre consciencias, a través de las emociones que son energía. Por lo tanto, ¿es el lenguaje el que distorsiona la realidad deteniendo el progreso de la humanidad? Habrá que pensar en uno nuevo, eso supondría dar un salto evolutivo. Si no existe en el espacio el siempre, nunca, nada, antes, después, abajo y arriba no existen, ¿por qué seguimos hablando con el lenguaje de la ilusión? Porque si habláramos de otra forma parecería una conversación psicótica, a menos que la humanidad encuentre un lenguaje que piense la vida como es en realidad.

El mundo físico sucede continuamente en cada momento y en cada lugar: la luz llega a nuestros ojos con información de los objetos que están afuera, el color del cielo tiene información sobre el color del mar, una célula tiene información sobre el virus que la ataca, una persona tiene mucha información porque trae consigo la que recolectaron sus padres y sus antepasados. Las personas nos comunicamos de la misma manera que lo hacen los átomos, nos relacionamos con alguien e intercambiamos información para promover la amistad. Como decir que mi conocimiento actual surge gracias al movimiento de los átomos de los libros que junto a la energía de mis neuronas van formando el contenido de mi mente. Los físicos le llaman a esto comunicación entre objetos distantes: sin darse señales y estando en lugares diferentes se informan. Lo que esto sugiere es que hay una realidad subyacente que conecta todos los contenidos del universo. No hay separación entre nada ni nadie.

La persona que ve por un telescopio científico descubre cosas que de otra forma no conocería porque no se ven y cuando las ve cambian, porque el que ve por el telescopio influye en lo que está midiendo. Así como cuando vamos de compras y al caminar por los pasillos del supermercado no encontramos lo que buscamos, aunque hayamos pasado por ahí varias veces. Los escotomas de la visión nos hacen sentir que de pronto pasa la materialización de los objetos que podemos ver. La información juega un lugar central en todo, de ahí que sea precisamente uno de los mayores obstáculos actuales, porque también es cierto que el conocimiento tiene un límite y además puede estar equivocado.

La Teoría de la Evolución se sigue comprobando, está basada en mutaciones aleatorias regidas por la selección natural; al mismo tiempo, existe el azar en todo lo que vemos, incluida la vida y la consciencia. Esta teoría explica bellamente que el perfeccionamiento de las especies, sus estrategias de adaptación y sus configuraciones cambian; aunque no explica el origen biológico de la vida o de algunos órganos. La evolución no dice el porqué del cambio o el surgimiento de la vida. Si bien nos explica el pasado, no captura la fuerza que lo impulsa. Cuando medimos algo lo estamos forzando a entrar a un mundo indeterminado e indefinido, de ahí que no lo estamos midiendo sino creando.[5]

La Teoría de las Cuerdas es una propuesta del siglo XXI para la Teoría Microscópica de la Gravedad. Lo que implica es que el mundo está completamente interconectado por cuerdas que si se ondulan de cierta manera veremos un protón y si se mueven de otra un quarck. Esta teoría sigue en investigación y parece ser muy prometedora para la hipótesis de la Teoría del Todo. Los físicos le llaman comunicación entre objetos distantes que se informan sin darse señales y estando en lugares diferentes. Lo que esto sugiere es que hay una realidad subyacente que conecta todos los contenidos del universo. No hay separación entre nada ni nadie.

Robert Lanza: La teoría más bella, el acento está en la naturaleza

Lanza usó los descubrimientos de la física, la mecánica cuántica y la biología para tejer místicamente esta historia que parece un gran viaje espiritual con lógica, argumentos y sin grandes comprobaciones científicas. El

---

[5] Niels Bohr

Biocentrismo se presenta como ciencia, pero es algo más parecido a la filosofía científica que de alguna manera se acerca a pensar la vida como en oriente.

La experiencia directa de la realidad de la naturaleza se aparece en la ilusión del tiempo y la muerte. Algunos lo llaman realización, iluminación, unión con Dios o nirvana y las personas ordinarias, como tú o como yo, también lo podemos sentir. Varios de los que lo han experimentado han escrito sobre la sensación de serenidad que se alcanza en los momentos cuando la persona se siente una con la naturaleza. Esta idea me parece una nueva concepción de unión sublime de todo lo que existe en el universo. Somos tierra, agua, cielo y consciencia.

El cerebro y su complejo sistema de percepción hacen que la realidad se aprecie distinta al cambiar los datos para investigar.[6] Si uno pudiera experimentar todo el conocimiento o todo lo que puede ser vivido, la separación entre las cosas desaparecería, de la misma manera como ocurre con las partículas enlazadas que toman a la distancia la función complementaria.

Nuestra mente es tan exuberante que puede reestructurar los circuitos neuronales del cerebro de tal manera que, en lugar de que la experiencia de ser se perciba separada de todo lo demás, se perciba unida. El hecho de que podamos manipular nuestros circuitos neuronales demuestra que la forma de ver al mundo es completamente subjetiva y, si queremos, podemos empezar a ver al mundo como un todo unido con lo demás; esto mientras que esperamos se compruebe la Teoría de Cuerdas la cual nos dice que el universo está interconectado. Aquí empieza el sueño de Lanza, muy aclamado por algunos científicos del nuevo siglo.

Los estudios actuales de las neurociencias nos explican la manera en que percibimos la realidad y la relación que tiene con nuestro modo

---

[6] Robert Lanza

parcial de relacionarnos con el entorno. El sistema límbico produce intrincadas conexiones neuronales gracias a la amígdala, uno de los sistemas más importantes con el cual sentimos las emociones y tomamos decisiones. Este sistema necesita guardar suficiente energía para que podamos responder rápidamente al peligro. Recordemos que la masa cerebral también está formada por átomos.

Las personas nacemos con la habilidad de sentir cosas usando el sistema subcortical primitivo que es totalmente inconsciente. Este sistema no pasa por los caminos que usa el visual aunque también nos sirve para ver, eso hace posible que el lenguaje no verbal sea una gran fuente de intercambio con el mundo exterior; usa otras formas que son solamente imágenes de luz y color. Esto se descubrió a través de los estudios con personas que sufrieron un accidente cerebral o son ciegos de nacimiento. Uno de los experimentos fue acompañar a una persona a atravesar un cuarto con muebles y ver si podía caminar sin golpearse con las cosas, la prueba funcionó. Esto los llevó a pensar que las personas tenemos información útil en el inconsciente y muchas veces sin darnos cuenta respondemos a estímulos y a la sutil información emocional que vive alrededor de nosotros. Lo imagino como cuando automáticamente nos movemos y al voltear sorprendidos nos damos cuenta que estuvimos a punto de recibir un pelotazo. Muchos ejemplos confirman que el sistema visual cortical percibe inconscientemente y responde a lo imperceptible a nuestros ojos.

Para comprender el funcionamiento del sistema visual cortical se le mostró a un grupo de ciegos la foto de una persona que provoca miedo y otra donde la persona se muestra feliz. Los ciegos tuvieron reacciones correspondientes y las mostraron en sus gestos y en el movimiento de la amígdala. Digamos que los ciegos ven fuera de sus caminos visuales y esa capacidad de estar comprometidos con la vida la sentimos todos por igual. No hace falta la vista para percibir las emociones de los demás, lo pueden comprobar cuando llegan a su recámara obscura y comparten el lugar con un compañero enojado.

Para algunos animales el tacto, el olfato y el oído los ayudan a percibir su alrededor. Los humanos nos basamos en lo que vemos y hemos coronado este sistema más que los demás. Sin embargo, el conocimiento nos llega como ondas electromagnéticas y fotones de luz, pues el espacio donde vivimos es silencioso y no podemos tocarlo u olerlo. Ni la electricidad ni el magnetismo tienen un color inherente, así que si existe otro reino en el universo tiene que ser en blanco y negro.

Es cierto que las personas vemos la belleza del mundo en colores extraordinarios, sin embargo, lo que existe "allá afuera" son campos magnéticos o eléctricos invisibles, lo que vemos es creado por nuestros circuitos neuronales. La visión es la función de un nervio óptico llamado *pneuma*.[7] Todo esto lo hacemos en el lóbulo occipital, donde más de diez mil billones de células y un trillón de sinapsis nos crean el mundo como lo experimentamos.

Vemos el mundo de colores por la rapidez de las vibraciones electromagnéticas. Si la onda de luz vibra muy rápido el color que vemos es azul y si vibra menos vemos el rojo. El color es el resultado de la velocidad de la oscilación de las ondas de luz y nuestros ojos, mediante sus receptores (células formadas por átomos y partículas), pueden distinguir las ondas de diferentes frecuencias. Ver es percibir luz en movimiento ondular. Nada se mueve de un espacio a otro sin algo que lo transporte. Si podemos ver al niño comer en la mesa frente a nosotros es porque entre ambos hay un campo de líneas vibrando que nos transporta esa imagen, nuestro sistema visual la recibe al revés y la traduce para que la podamos comprender.

---

[7] En el libro "Psicología" de mi autoría, describo claramente el proceso del sistema visual.

Con todo esto, lo que trato de explicar es que vivimos en tres reinos visuales: el mundo exterior, lo que vemos y lo que solamente percibimos y construimos. Nuestra costumbre es pensar que todo está fuera de nosotros, aunque en realidad lo que vemos está en nuestra cabeza. El sistema visual sigue siendo un enigma abierto al conocimiento pues para que podamos ver la imagen pasa un tiempo que no es humanamente perceptible. De manera que nuestro sentido de percepción es defectuoso y parte de la realidad no existe para nosotros. Imagino que de esto hablaba Einstein al referirse al espacio intermedio, los quince minutos que dejamos de ver con nuestro sistema visual pero que ocurren sin ser percibidos por nosotros. El reino visual existe solo en este lugar, no hay múltiples mundos visuales. Todo ocurre dentro de nuestro cerebro. El mar que distingo afuera de mi ventana, las montañas por las que camino y el florero de la mesa los veo en mi cabeza y existen cuando los veo. Lo mismo ocurre con la percepción que tenemos de nuestro cuerpo, es solo mental.

Podemos decir, por ejemplo, que hay una distancia entre nuestro cuerpo y el mar. Así expresamos las cosas y nos relacionamos con lo demás. Puede ser que nos tardemos mucho hasta que podamos pensar que no existe el "afuera de nosotros", todo lo que vemos es lo que le comunica una parte de la mente a otra. La representación que tenemos de nuestro cuerpo no es distinta a como observamos el resto de las cosas. El universo visual está localizado "aquí" y no "afuera".

Tampoco se sabe cómo tomamos decisiones o cómo hacemos para que nuestro corazón lata o para que nuestros dedos sigan la melodía del piano. Albert Einstein decía que las personas no tenemos libre albedrío para controlar el cuerpo, la mente o la vida. Queda implícito en esta revelación que tenemos la capacidad de percibir algunos eventos segundos antes de que sucedan porque todo está determinado y la vida fluye como tiene que hacerlo. Desde 1998, se ha demostrado, a través de suficiente evidencia experimental, que la idea de control es una ilusión. Digamos que la separación entre yo y otro, entre un cuerpo interior y otro exterior o entre la naturaleza y nosotros, es relativa y perteneciente a las conexiones neuronales con las que asumimos la realidad. Ésta es un proceso activo que involucra a nuestra consciencia siempre. Lo que vemos o pensamos está formado con algoritmos que crean brillo, profundidad y una sensación de tiempo y espacio. Hasta en los sueños armamos imágenes espacio-temporales cuando en realidad no existen.

Resumamos, la luz viaja del mundo externo a los ojos y todos pensamos que vemos cosas en el mundo visual pertenecientes al reino exterior, pero todo ocurre en la consciencia y nada más. El color no existe, aunque las células retinales son sensibles a los colores primarios (rojo, azul y amarillo); además tenemos células encargadas de ver la luz tenue. Los colores se sienten en una parte profunda de nuestro cerebro y todo lo que vemos es una ilusión. El "afuera" es un blanco tenue que se pinta de colores por las células retinales las cuales impiden el paso de luz que, al parecer, forma el punto ciego en nuestro sistema visual. Sin tomar en cuenta nuestros conceptos verbales, el yo no ve hacia "afuera", no mira porque no hay nada afuera más que luz.

Pensar que el cosmos es sinónimo de consciencia supone poder comprender que nuestra visión es una ilusión: los rayos de luz se reflejan en las flores, creando una imagen que se procesa en el cerebro y, a su vez, forma otra en las profundidades del cráneo. Para evolucionar primero deberíamos aceptar que el brillo, el detalle, el color y la tridimensionalidad ocurren en alguna parte de lo obscuro de nuestro cerebro fuera de él. La visión es un instrumento que nos permite ver lo interesante de la vida, aunque sólo sea a través de nuestras percepciones; sin ellas no hay universo. La consciencia y el cosmos son uno y lo mismo, aunque esté pendiente de ser aceptado por la comunidad científica.

Sabemos que el 95 por ciento del universo está formado por energía y materia obscura que desconocemos cómo está compuesta. Pero el 5 por ciento restante formado de átomos, moléculas y campos gravitacionales nos permite ver a colores y sentir la distancia. Las personas adquirimos conocimiento gracias a la absorción de energía. Como si lo que leyéramos en este momento fueran fotones en forma de palabras que nos llegan reflejados en la luz o por el cambio de presión. Ahora bien, si la información es el intercambio de causa y efecto entonces ¿ésta sería continua y omnipresente a todos los niveles?

El misterio sobre el amor y la consciencia hasta ahora son inexplicables. La ciencia moderna dice que todo está en el cerebro, aunque muy pocos coinciden en ello. Al parecer los materiales como el carbón, los minerales y el impuso eléctrico son los que nos ofrecen la experiencia de los sentimientos. La pregunta es ¿por qué y cómo sentimos? ¿Cómo es que la percepción, el "darse cuenta" o la consciencia surgen?

No se sabe todavía cómo aparece la consciencia al momento de nacer, pero sabemos que es la más profunda compañía y su existencia[8] no parece derivarse de las leyes de la física. Lo que esto podría significar en un sueño guajiro es que la consciencia es una entidad independiente que se aloja en la materia hasta que necesita buscar donde transferirse, pero al ser un proceso que requiere de mucha energía para transportarse y "nada se crea ni se destruye", la información es eterna.

La consciencia existe a pesar de que algún órgano sensorial no funcione; el ciego o el sordo también tienen consciencia. Hasta las plantas tienen redes neuronales que transmiten mensajes de alerta a otras plantas cuando una plaga se acerca. La neurobiología insiste en que las plantas ven, sienten, huelen y se acuerdan. También entre ellas hay un intercambio de información celular: las hojas le mandan señales a la raíz para que produzca flores y archivan la información de diferente manera que el cerebro.

---

[8] Steven Weinberg

Einstein, después de su Teoría de la Relatividad, se pasó el resto de su vida buscando una teoría unificadora. ¿Todo es eterno? Probablemente lo es, pero lo que sí se sabe es que el mundo físico está muy relacionado con nuestra consciencia. Lo más importante es no olvidar que todo el conocimiento es relacional: el abajo no existe sin el arriba, el sí sin el no, prendido-apagado; es así como entendemos el mundo y le damos significado. Pero en el espacio todo está junto, esta es una explicación es muy parecida a la que Freud da sobre el inconsciente.

Podrá llegar el momento de relajarnos completamente; ver a las personas, sus acciones y las nuestras, y sentir la misma fuerza animándonos a todos. Podremos ver como nuestras actividades cotidianas se despliegan solas sin nuestra intervención. Tal vez algún día podamos sentir la verdad que crean los algoritmos de la mente; que lo que experimentemos lo podamos sentir con la misma fuerza que hace latir nuestro corazón.

Un día nos morimos y se acaba todo, piensan los intelectuales. La física nos dice que un cuerpo muerto es en realidad un vibrante flujo de energía o de campos eléctricos con una equivalente masa y energía que podrían mantener iluminada a la República Mexicana por algún tiempo. El 99.9 por ciento de la materia de un cuerpo está confinada al núcleo infinitesimal que combinado sería un destello de luz. Aquellos que han experimentado estar presentes cuando se muere alguien querido pueden sentir que su presencia desaparece cuando su corazón deja de latir. Las personas no somos nuestro cuerpo, somos nuestra consciencia. Donde está nuestro Yo estamos, como bien dijo Descartes.

La idea de la muerte es que las personas nos convertimos en nada, aunque "la nada" no existe en el espacio físico. Como el tiempo no existe, no hay después de la muerte; lo real es aquí y ahora. Y al no haber absolutos en la "matriz auto-existencia", es imposible que la energía se disipe y, por lo tanto, no podemos irnos a ningún lado. Siempre estaremos vivos[9].

La consciencia está compuesta por sus procesos, muchos de ellos inconscientes y otros incognoscibles. Tiene relación con las emociones y la autoevaluación que hacemos impulsados por ellas. Las emociones son lo único de lo que podemos estar seguros, lo real; la experiencia las va transformando en intuición mediante un proceso que se desconoce, es a lo que llamamos conocimiento primario. Sabemos que cuando la consciencia nos manda la señal de sobrevivencia, al mismo tiempo genera imágenes que podrían venir de otras latitudes que no sean la imaginación. Ahora, hasta se piensa que nuestros sueños pertenecen a otras vidas o a información de nuestro inconsciente colectivo. Las intuiciones que volvemos palabras o acción están gobernadas por el grupo al que pertenecemos: espiritual, religioso, ideológico, etcétera. Las intuiciones sirven, pero las explicaciones que les damos no siempre. Por ejemplo, si digo: "esta persona es conflictiva y no la necesito cerca", puede que sea mejor evitar ese encuentro, aunque no tenga nada que ver con la personalidad del otro sino con nuestra forma de descifrar el mensaje. Es necesario recordar que nuestras intuiciones siguen un proceso muy complejo influido por la experiencia anterior que forma parte de nuestro inconsciente colectivo. Las emociones son lo real, los pensamientos surgen de la interpretación de ellas y del mundo que vemos. Las investigaciones que se han replicado, pero la comunidad científica ha decidido no aceptar, están en el conocimiento intuitivo de todos por igual. Así es como se explican muchas propuestas que nos acercan a pensar en el mundo como una experiencia más cercana a las teorías orientales sobre la existencia.

---

[9] Robert Lanza

Einstein escribió que la emoción más bella y profunda que podemos experimentar es el misticismo. No el que se vincula con la religión, sino con la conectividad profunda que tienen los hombres con la naturaleza.[10] La interconectividad a la luz de la Teoría de Campo Cuántico y la Ley de la Relatividad concibe el Universo como una gran consciencia que lo abarca todo. Einstein afirma que las personas se dan cuenta como sus pensamientos y sus sentimientos están separados del resto del mundo, aunque sólo sea una ilusión de la consciencia. En biología se dice que la mente está interconectada y es inseparable del universo material; que nuestro cuerpo y mente son parte de un proceso más grande del que nos imaginamos; que cada persona contiene más información en su mente de lo que una vez se pensó.

En fin, los fundadores de la Teoría Cuántica han pensado profundamente en la relación entre la ciencia y el misticismo. Y aunque nos cueste creerlo, ambos surgieron por la urgencia humana de conocer el mundo que nos rodea. No obstante, el misticismo está mucho más comprometido con la exploración científica que la misma ciencia.

Al igual que Freud habló de la mente como una entidad sin localidad, Carl Jung fue quien más se acercó a dudar que la mente estuviera en el cerebro y siguiera los límites del espacio-tiempo. Afirmó que "hay que dudar de la validez absoluta de las percepciones en espacio-tiempo. Hay mucha evidencia que indica que la consciencia es omnipresente y contiene las memorias más ancestrales" como si implicara que provenimos de otras vidas. Este hecho ha sido probado experimentalmente por ciertas verbalizaciones de algunos niños que recuerdan trozos de su vida pasada, tan contundentes que no pueden saberlo de otra manera más que habiendo estado ahí, en otro tiempo-espacio del que se encuentran. Es verdad que no puedo aliarme a esta teoría todavía, pero me sorprende mucho

---

[10] Schrodinger, Einstein y James

como tantos niños reportan sus experiencias de vidas pasadas, lo que nos puede hacer dudar de la muerte como final. No entra en nuestra concepción de vida occidental, pero si perteneciéramos a otro hemisferio sería un conocimiento natural.

Me parece difícil de entender que nuestro corazón deja de latir y los átomos que nos forman continúen en el universo. Como si al morir la energía de nuestro cuerpo saltara para unirse a otra materia. Si esa transferencia de energía es instantánea, abre la posibilidad de que la consciencia flote invisiblemente entre nosotros ¿algo así como si fuera una sombra invisible a nuestra percepción?

Entiendo que falte por comprobar si la consciencia es lo que queda en el universo cuando mi cuerpo se convierta en polvo. Entiendo que la energía de un hombre puede alumbrar un país. Si somos átomos indestructibles, permanentes, creciendo en información, ¿qué pasa con ellos cuando se desprenden del cuerpo?, ¿qué pasa con la materia? Pues recuerdo que la materia es lo que percibimos y tocamos; la energía es lo que produce los cambios a nuestro alrededor; si la materia es energía cuando mi cuerpo se pulveriza, los átomos ¿a dónde van?

Me acuerdo perfecto la sensación de vacío que padecí cuando vi el cuerpo de tu abuela al morir. Ella ya no estaba ahí. Se murió. Así es como le llaman al ritual. En física le dicen transformación. En nuestro lenguaje el mito de la muerte nos persigue porque no podemos imaginar que la energía se esfuma al momento de perder su lugar. Recientemente se reconoce que la nada no existe: que la masa es igual a la energía en el sentido de poderse historizar. No logré ver tu cuerpo, no pude sentir el vacío que dejaste en ese lugar.

Sherlock Holmes: Cuando hayas eliminado lo imposible, lo que queda, aunque sea improbable, es la verdad.

Hay muchas preguntas sobre la consciencia y el universo que siguen sin respuesta; hasta el momento es más lo desconocido del espacio que lo comprobado. Sin embargo, lo que se sabe podría integrarse y sumarse a la expansión del conocimiento sobre el hombre y el universo para que nos permita vivir más tranquilos, cuidando más de nosotros y de los demás, incluida la naturaleza.

No podemos pasar por alto que durante finales del siglo XIX coincidieron estudios que paulatinamente nos han llevado a pensar en la posibilidad de formular una teoría unificadora del universo y de la materia, del espacio y de la naturaleza, incluyendo a todos los seres vivos. Estos temas han seguido su curso y gracias a ellos sabemos que la mente trabaja con energía, la cual viaja transportando información e interconectando todo lo vivo del universo. Recibimos la información que transportan los átomos a través de la percepción sensorial pues confiamos principalmente en lo que vemos con nuestros propios ojos, aunque también la percibimos extrasensorialmente por la amígdala, invisiblemente se intuye y se registra en el lóbulo occipital del cerebro.

Freud encontró un método para descubrir lo que se percibe extrasensorialmente y se acumula en el inconsciente. Nos advirtió que una parte de esta información es incognoscible, lo que sabemos de ello es lo que viene en los sueños, los recuerdos y en los *lapsus* del lenguaje. Para la física la información está diseminada en el universo, se mueve por campos electromagnéticos e incluso puede estar en distintas galaxias. Además, la información se duplica cuando se desenredan las partículas y se separan. Pareciera como si el propósito de vivir fuera conocer, saber e informar de todo lo que ocurre a nuestro alrededor, lo veamos o no. A esto se refirió Melanie Klein cuando habló del impulso epistemofílico con el que nacemos, esta necesidad imperiosa por saber de qué está hecho y cómo se relaciona con nosotros.

Para los escépticos queda la certeza que transmiten los libros sagrados de las religiones occidentales. Sin embargo, en todos los tiempos las personas han reportado experiencias significativas y profundas, incluso hay escritos para el grupo de sabios sobre lo oculto, la sincronía y los fenómenos que no se han comprobado allá y entonces, pero que ahora se están investigando científicamente.

Lo que llama mi atención son las preguntas que surgen sobre el hombre y el universo desde hace más de un siglo, el tiempo nos ha ayudado a ver la manera en que convergen en sintonía. Las observaciones sobre todos estos fenómenos que nos atañen tan íntimamente promueven la angustia de algunos; tal vez la gloria no está en el futuro sino en el aquí y ahora, cuando entendamos que vivimos en una permanente asociación libre que surge del inconsciente colectivo.

Es cierto que todavía no se ha encontrado una teoría que compruebe científicamente las coincidencias pero es algo de lo que los poetas han hablado, las canciones explicado y que todos los humanos hemos experimentado con agrado y sorpresa. Carl Jung trató de hablar de esto con profundidad, mientras Freud escribía su Teoría de las Emociones y los Impulsos y James inauguraba el Instituto para los Estudios de los Fenómenos Psíquicos. Todos estos fenómenos han sido experimentados por gran parte de la población mundial ya sea de manera consciente o inconsciente. Sin embargo, sigue existiendo el prejuicio que una vez relacionó estos fenómenos con el diablo.

La percepción extrasensorial, los ángeles, dios, la energía, el alma, la consciencia que traspasa fronteras de tiempo-espacio o como quieran llamarle ya existe en la mente de muchos. No como un asunto religioso sino como un problema de la ciencia que se busca estudiar. Primero nos hace falta captar a profundidad lo que supone vivir en la ilusión porque no aceptamos lo que percibimos extrasensorialmente, pues el tiempo es una construcción inoperante y porque al parecer en nuestros poros está creer que las cosas existen solo cuando las vemos.

La idea de que las experiencias extrasensoriales son reales es un conocimiento que se divulga con rapidez gracias a los estudios que se han hecho al respecto. La comunidad científica comienza a interesarse en los fenómenos Psi (término para referirse de manera global a ciertos fenómenos que corresponden al campo de la parapsicología), pues los resultados de las investigaciones se están comprobando rigurosamente, ofreciendo estabilidad al replicarse.

La telepatía, por ejemplo, es uno de los fenómenos que más han sido corroborados en los experimentos de laboratorio y en la esfera política. Interesante es que la mayoría de estas investigaciones se sigan realizando en las agencias de inteligencia de los Estados Unidos como una herramienta confiable de manejo y transmisión de la información.

En 1921, este tema tenía fascinado a Freud, aunque no creía que se pudiera establecer comunicación con los muertos. Por un momento creyó que el conocimiento sobre la transmisión del pensamiento podía competir con su idea sobre el inconsciente. James escribió una anécdota sobre un discípulo que le regaló a Freud una medalla con una frase inscrita que él mismo había soñado años antes. Al leerla, cuenta su biógrafo, se puso pálido y nervioso, y con voz ahogada preguntó quién había tenido la idea de ese presente. Esto hubiera significado que los sueños provienen de lo concebido como desconocido y no del deseo.

Me parece necesario primero hacer la distinción entre los eventos Psi y las sesiones espiritistas, pues si bien se juntan en un punto no son lo mismo. Los fenómenos Psi que se conocen son la telepatía, la clarividencia, la psicoquinesis, la precognición y la percepción extrasensorial. La telepatía es el intercambio de información entre dos o más mentes sin el uso de los sentidos ordinarios. La clarividencia significa ver a distancia. La psicoquinesis es la interacción mental con todo tipo de materia. La precognición es la información sobre eventos futuros. La percepción extrasensorial es la información recibida gracias a la telepatía, la clarividencia o la precognición. La evidencia de estos fenómenos varía ampliamente, tal vez no han sabido cómo nombrarlos, pero los conceptos que se usan para describir lo Psi dicen más de las situaciones en que los fenómenos se observan que de las propiedades del mismo. Esto produce la idea de que están relacionados con un grupo en particular, cuando en realidad son muchas las personas que inconscientemente perciben y reconocen esta información como si fuera parte de su cotidianidad.

En 1995, Carl Sagan afirmó la necesidad de estudiar más seriamente el fenómeno de las personas que son capaces de mover cosas con el pensamiento o de generar imágenes o pensamientos que son proyectados en otros. Le parecía que los esfuerzos de la comunidad científica no eran suficientes para comprobar el alcance de la consciencia. Hay que enfatizar que los investigadores en este campo no aceptan a participantes inclinados a creer. Exactamente como me pasa, mi mente está tan comprometida con el deseo de pensar que la consciencia es eterna y que la comunicación entre mi consciencia y la de mi hijo es posible que no podría ser sujeto de ninguna observación seria y confiable, pues no sabemos si las creó el deseo o si son percibidas por otros más.

Los fenómenos psíquicos nos muestran que existe una interconexión invisible entre las personas y entre las cosas y las personas. Como vemos, esta hipótesis se sostiene gracias a la Teoría Atómica y toma en cuenta la Teoría del Espacio-tiempo de Einstein. Los eventos que una vez fueron extraños pueden transformarse en explicaciones científicas después de que son observados.

A pesar de los múltiples avances de la investigación parapsicológica en las últimas décadas, los ataques de los escépticos han sido contundentes. Esto se ha debido en parte a que hay un exceso de credibilidad popular, porque durante casi dos siglos faltó un sistema más serio de investigación y porque a un grupo importante les parecía que sus experiencias y sus creencias eran injustificables. Sin embargo, en las últimas décadas existe mucha evidencia y réplica considerable de los experimentos en los que aparece lo Psi; lo que falta es que la investigación de estos temas se divulgue como los descubrimientos sobre cualquier otra materia.

Para la ciencia se requiere una dedicada observación y medición de los fenómenos Psi. Son tan variados e interesantes los estudios de casos con experiencias extrasensoriales que han tratado de medirlos independiente y repetidamente; la réplica intenta buscar la estabilidad de la prueba y de los fenómenos. Cuando el proceso es inestable no se puede saber si los resultados sucedieron por accidente o fueron reales. La experimentación de lo Psi ha recabado experiencias tan estables que han podido medirse y promueven el interés del mundo científico. Por ejemplo, sentir que alguien nos mira fijamente provoca un cambio en lo que es observado. Este fenómeno se ha estudiado en el laboratorio durante casi cien años. Los resultados advierten que cuando otra persona nos mira intensamente altera nuestro sistema nervioso, esto parece indicar que las personas nos pueden influenciar más de lo que imaginamos. Con más de cuarenta años de estudio se ha podido comprobar que cuando una persona piensa en otra a la distancia, ya sea amorosa o violentamente, afecta su fisiología.

Una señal se detecta en la amígdala, aunque no compartan el mismo tiempo-espacio.

Hay suficiente evidencia para confirmar que cuando una mente se concentra en un objeto distante, éste cambia su comportamiento. Los resultados han llegado a indicar que cuando muchas mentes piensan parecido, el estado del mundo cambia. Es aceptado universalmente que uno de los criterios para afirmar la existencia de un fenómeno es su réplica. Sin embargo, la mayoría de los estudios que conocemos sobre el mundo se han comprobado con un sólo experimento y en la investigación de lo Psi la cantidad en que se han replicado los experimentos nos dice que ocurren, mucho más que por accidente o probabilidad. Ese "mucho más" cambia nuestra fisiología y de ahí se infiere su existencia. Por lo pronto está comprobado que existe gran confiabilidad al pensar que pequeñas cantidades de información son compartidas a distancia sin el uso de los sentidos ordinarios.

Desde 1880, se han replicado miles de estudios llevados a cabo por docenas de investigadores que miden los efectos de lo Psi. La habilidad de percibir estos fenómenos y los eventos a distancia sin el uso de los sentidos comprueban que la clarividencia es tan variable como el talento musical. Por eso hay personas que tienen la pericia de ver lo que no perciben nuestros sentidos. Las investigaciones comprueban que este tipo de comunicación está demostrada con criterios científicos aceptados.

El fenómeno de clarividencia ha sido replicado de distintas maneras en todas las culturas y laboratorios. Los resultados son tan consistentes que no requieren más investigación. Carl Sagan afirmó que la evidencia de los fenómenos Psi es tan persistente que deben ser tomados en serio. La percepción de éstos opera entre mentes y espacios. Los estudios se han repetido consistentemente e indican que por más de medio siglo los efectos de lo Psi se han mantenido muy estables. Es cierto que todavía hay desacuerdos sobre la interpretación de los datos, pero el hecho de que se hayan replicado cientos de veces, demuestra que el efecto de la clarividencia existe más allá de cualquier duda.

Desde 1898, se propuso la idea de la consciencia como un campo de inteligencia continua que permea el espacio-tiempo. La consciencia se expande más allá del individuo pues sigue las características del campo cuántico. La fuerza de la consciencia fluctúa de un momento a otro y está regulada por la atención. Sin embargo, el mayor misterio es la naturaleza de la consciencia, porque hasta ahora no existen teorías sobre cómo "nos damos cuenta".

En 1994 el físico Henry Stapp, de la Universidad de Berkeley, publicó un artículo donde mostraba que la interacción entre la mente y la materia produce efectos consistentes con la teoría cuántica. Se ha comprobado que cuando una persona dirige su atención hacia un objeto distante la conducta del objeto cambia: los dados ya no caen aleatoriamente, los circuitos electrónicos se comportan de forma extraña y el sistema nervioso responde a influencias invisibles. Los neuro-científicos piensan que la consciencia genera interconexiones neuronales e intercambios de información entre billones de mentes en la tierra. Pensamos en la consciencia como algo que tiene que ver con la cabeza más que con el pie. Aunque ahora se reflexiona a la consciencia como pensamiento global.[11]

La percepción está vinculada con la forma en que cada persona ve la realidad, aquellos que no quieren "ver" lo Psi, simplemente no lo hacen. A ellos no les interesa saber ni siquiera sobre la demostración científica pues están comprometidos con una forma de pensar particular donde no queda lugar para nada más; están motivados a concebir el mundo de esa manera y tienen una forma científica de pensar que desarrolla explicaciones buenas y coherentes para ignorar la evidencia. Por eso, las pruebas más contundentes sobre la existencia de los fenómenos psíquicos son los

---

[11] Radin, D. I., "The counscious universe" Harper Collins e-books.

experimentos con resultados acumulativos. Es fascinante esta área de conocimiento en especial cuando el periódico *New York Times*, al menos semanalmente, nos recuerda que las investigaciones médicas están tan comprometidas con las corporaciones que sus resultados son cada vez menos confiables.[12] Además de la corrupción, los científicos se la pasan estudiando las mismas cosas durante años porque de esta manera reciben más estímulos y ovaciones que si estudiaran algo nuevo que tardarían mucho tiempo en confirmar.[13]

Los fenómenos Psi nos hacen ver la experiencia de interconectividad invisible que nos une con el universo. No se sabe en qué punto va a parar este conocimiento, lo que sí se sabe es que la dirección que siguen estos experimentos es consistente con el desarrollo de otras disciplinas científicas.

No hay sólo una teoría de lo Psi, sino muchas. Van desde las especulaciones serias en física sobre las ondas electromagnéticas que transportan información precognitiva hasta la manera en que la mecánica cuántica permite que un observador altere mentalmente las probabilidades de los eventos.

Tanto la Mecánica Cuántica como la Teoría de la Relatividad afirman que el universo y todo lo que en él existe está interconectado y construido por los mismos elementos. Así como una madre sigue conectada con su bebé a pesar de estar dormida, la mente puede prestar atención a los seres amados o a los eventos significativos aún cuando dormimos. ¿Cuántas veces nos despertamos a mitad de la noche a ver el teléfono para encontrarnos con un mensaje de emergencia? ¿Cuántas veces nos llama una persona cuando pensamos en ella? ¿Cuántas veces pensamos en alguien y

---

[12] Thomas, K and Orstein, Ch. "Top Sloan Ketering Cancer Doctor Resigns After Failing to Disclose Industry Ties" 09-13-2018. New York Times.

[13] Zimmer, "Why Your DNA Is Still Uncharted Territory", New York Times; 09-13-2018.

lo encontramos en la calle? Sería interesante saber las experiencias de lo Psi que todos tenemos y les prestamos poca atención. Esto significaría tomar en cuenta la sincronía que pensó Jung en 1952 y de la que se habla en la actualidad: las coincidencias.

Las personas como individuos estamos completamente conectados con todo lo que existe en el universo. Algunos estudiosos[14] sugieren que nuestro sistema biológico toma ventajas de los efectos cuánticos de maneras inesperadas. Esto es porque los organismos vivos difieren de la materia muerta estudiada en física. Gracias a esta diferencia el organismo tiene la habilidad de adaptarse al cambio del ambiente y tiene la pericia de asignarle significado, algo que de otra manera sólo parecería un proceso aleatorio. Por eso podemos cambiarnos de país, tomar un curso sobre algo nuevo o escribir un libro.

En 1970 los investigadores encontraron la existencia de un tipo de neuronas nanométricas. Veinte años después Hameroff[15] señaló que la consciencia se deriva de las vibraciones cuánticas a temperaturas cálidas en los microtúbulos del interior de las células cerebrales. Así les parece comprobar que la consciencia, como se pensó desde tiempos inmemoriales, es el alma y existe antes de nacer. Asimismo, la consciencia es algo que se amplifica aumentando las sinapsis del cerebro, es decir, acumulando más conocimiento. ¿Cada reencarnación implicaría más conocimiento?

Esto los llevó a pensar acerca de los aspectos misteriosos que tiene el cerebro y que están relacionados con las propiedades cuánticas. Por ejemplo, el sentido de unidad del *self* o "sí mismo" se parece a las propiedades de coherencia cuántica y de no localidad. El libre albedrío es semejante al *quantum* indeterminado. El razonamiento intuitivo se parece al *quantum* de la informática y las transiciones entre procesos preconscientes,

---

[14] David Bohm, Karl Priban, Brian Josephson
[15] En la revista Physics of Life Reviews.

subconscientes y no conscientes, se parecen a las posibilidades cuánticas que se convierten en realidades. No es necesario saber sobre mecánica cuántica para entender que en su estudio contempla la idea de poder contestar las preguntas sobre de dónde venimos y a dónde vamos.

Los científicos e ingenieros, como mi hijo, han dicho que se requiere una energía mínima para transmitir la información de un lugar a otro. Cuando leemos, transferimos eso que la energía transformó y reconstruyó, por ejemplo: "Se acaba de morir mi hijo" requiere muy poca energía para transmitirse, pero para darle significado se requiere de mucha más energía que para leerse, pues provoca una respuesta emocional intensa.

Gary Taubes[16] advierte que hay un área de la física que se parece al vudú. Involucra una de las paradojas más extrañas que ha creado la mecánica cuántica y es pensar que dos partículas se crean simultáneamente con los mismos estados internos cuánticos. Esta teoría sostiene que un estado particular no tiene ningún valor hasta que puede medirse; cuando se mide ya está formado por una partícula enredada y su pareja toma, instantáneamente, el valor opuesto. Todo esto, como decía anteriormente, puede suceder al otro lado del universo. La idea es que algo que conocemos en este espacio-tiempo está simultáneamente ocurriendo en otro lugar. El vínculo de lo Psi con los sistemas biológicos hace que éstos sean muy sensibles a cierto tipo de información. Se ha encontrado que los sistemas biológicos, como la fotosíntesis, pueden enviar y acceder a la información que fue teletransportada, de manera que se perciben e influencian objetos a distancia.

Los fenómenos psíquicos fueron uno de los mayores descubrimientos del siglo XXI. Algunos científicos sostienen que nadie entiende bien el funcionamiento de la mecánica cuántica; el Nobel dice que sus efectos

---

[16] Revista Science, "To Send Data. Physicists Resort to Quantum Theory", 10-25-1996.

son absolutamente imposibles de explicar; no se basa para nada en algo que se parezca a la experiencia humana. Esto también puede ser cierto para la experiencia extrasensorial (ESP). Este descubrimiento puede ser muy importante para los seres humanos y sirve para comprender la conducta física. Aunque tal vez no podrán explicarse hasta mucho después de su descubrimiento, pareciera que cuando aceptemos esos conceptos los vamos a poder explicar, mientras tanto no tenemos el lenguaje para hacerlo.

Carl Sagan: La primera gran virtud del hombre fue la duda y el primer gran defecto la fe

Todos los alumnos de psicología sabemos que William James, ha sido considerado como uno de los filósofos más influyentes que Estados Unidos ha producido; fue líder intelectual del siglo XIX. Se consideraba a sí mismo como una persona pragmática y por eso su visión sobre las teorías es que uno debería usar sólo las partes que le parezcan lógicas y estén comprobadas. Pensaba que las personas tienen un alma que existe en el universo espiritual: "Primero, es esencial que Dios se conciba como el poder más profundo del Universo y que se piense como una personalidad mental".

Al parecer William James fue un psicólogo bastante *sui generis*, de intereses amplios, de dudas existenciales profundas, un apasionado estudioso sin prejuicios, auténtico filósofo que se permitió preguntarse sobre la consciencia y su continuación después de que abandona el cuerpo. Así, aproximadamente al mismo tiempo que Einstein pensaba en la Teoría de la Relatividad, Freud creaba una Teoría del Inconsciente, Jung percibía la existencia del inconsciente colectivo y James estudiaba los fenómenos paranormales como uno más de sus intereses.

En esta época muchos se preguntaban por la consciencia y el inconsciente en distintos lugares del planeta. James tuvo un encuentro particular con una médium[17] quien le dijo cosas personales de su familia que no tenía forma de conocer. Quedó tan impactado y dispuesto a seguir las investigaciones, que formó un grupo con intelectuales que estudiaban acerca de la consciencia y fundó la Sociedad Americana para los Estudios Psíquicos. Este encuentro convenció a James de que las habilidades sobrenaturales existen; tal vez la médium era una "aguja dentro de un pajar", pero sabía cosas de su vida que sólo él conocía.

Durante las investigaciones encontraron algunas médiums bastante veraces en sus comentarios o en sus mensajes de personas que no pertenecían al mundo como lo conocemos. También encontraron a algunos charlatanes que hablaban de poderes que carecían. El tema era controvertido, completamente fuera de lo convencional, lo que hacía más difícil conseguir fondos para crear un laboratorio que investigara estos fenómenos. La universidad de Cambridge abrió el primer laboratorio para estos estudios.

Entre los aciertos y desaciertos de estas médiums se pensó que no era conveniente que psicólogos de esa envergadura pusieran su reputación en juego por algo que creían, lo verificaban en su experiencia personal pero no podían generalizar el conocimiento. Eso llevó a que la Sociedad Americana para la Investigación Psíquica pensara que los estudios *mediúmnicos* podían dañar a la psicología como disciplina y se disociaron de ella.

Fueron varios los teóricos que tuvieron problemas para presentar sus nuevas teorías, entre ellos Freud fue tachado de enfermo sexual por haber pensado que la sexualidad era mucho más que el género o la elección de objeto. Por otro lado, James fue ampliamente admirado por la clase intelectual de Estados Unidos tratando de iniciar un nuevo conocimiento de interconectividad. Al parecer es más escalofriante pensar que la consciencia puede percibir información de otro tiempo-espacio que tratar de

---

[17] Leonora Piper

entender porqué el Hombre de los Lobos tenía miedo al cuento de los siete cabritos. Mientras el psicoanálisis se encargó del estudio de las neurosis, James quería confirmar lo que fue para él una revelación: su hijo le mandaba un mensaje que sólo él podía entender, por medio de una mujer que tenía poderes diferentes a él.

La Sociedad encontró médiums, las entrevistaron y observaron cómo se escudriña al ladrón para encontrarlo culpable. Las encerraron y les quitaron todo lo proveniente del mundo exterior, sólo les permitieron estar acompañadas por los espíritus de otros mundos. Algunas entraban en trance mientras los psicólogos, investigadores y hasta periodistas las escuchaban hablar con la voz, los movimientos, gestos y hasta los acentos de personas cuya consciencia había sobrevivido a la muerte. Todos los espíritus, solamente percibidos por las médiums, traían a los vivos un mensaje de sus muertos. No les quedaba otra cosa que creer, nadie podía saber esos secretos pues fueron momentos previos a la despedida o cerraban aquel tema que quedó pendiente antes de su muerte. James reconoció que las médiums no eran necesariamente las personas más intelectualmente inteligentes, pero definitivamente tenían la capacidad de sentir y experimentar realidades que se presentan frente a nosotros. Durante años pensé que la sociedad ha intentado bloquear los intentos de conocimiento acerca del alma y que en realidad estas experiencias tenían como misión la salvación colectiva. James nunca dejó de sugerir, pudorosamente, la posibilidad de la inmortalidad del espíritu. Como filósofo nos hizo saber que las preguntas tienen que terminar con incredulidad, creencias o dudas. La duda es lo opuesto a la incredulidad y la creencia.

Muchas investigaciones sobre las capacidades *mediúmnicas* se hicieron en laboratorios de universidades prestigiosas: Columbia, Princeton y Harvard; tenían cómo finalidad encontrar una técnica de investigación que fuera aceptada por la comunidad científica. Estaban empeñados en pensar que si les restringían información a las médiums sobre lo que ocurría en el mundo los resultados serían más confiables. Las encerraban, las vigilaban y controlaban sus intercambios con gente, las personas que querían escuchar una sesión *mediúmnica* se disfrazaban y estaban dispuestas a casi todo para ocultar su identidad. La Sra. Piper fue declarada la mayor médium de todos los tiempos. Podía comunicarse con los difuntos al tocar los objetos que les habían pertenecido en vida.

Varios físicos se interesaron en estos temas y algunos estuvieron convencidos de que los muertos conservaban su personalidad cuando pasaban al más allá.[18] Estos estudiosos pensaban que comunicarse con el mundo de los espíritus no estaba en desacuerdo con las doctrinas de la física moderna; por el contrario, se afirman en ella y no son incompatibles entre ellas.

Podría nombrar científicos, físicos, biofísicos y médicos que una vez fueron grandes escépticos y quedaron convencidos de que el fenómeno era real por su experiencia personal en una sesión espiritista. Estas sesiones controladas con médiums para probar no sólo sus capacidades sino la inmortalidad de la consciencia, han confirmado una y otra vez que las experiencias son reales. Me atrevo a decir que la mayor parte de la gente que ha perdido un ser amado ha tenido una experiencia con quien falleció y mucha gente no habla de esto porque no quiere que lo tachen de loco.

Lo que sé de los estudios recientes es que los médiums ofrecen con precisión con un grado de aciertos superior al porcentaje de las probabilidades. Los factores de fraude, error y coincidencia estadística fueron descartados. Hay evidencia científica[19] de que hay vida después de la muerte, lo queramos creer o no.

---

[18] Oliver Lodge quien escribió con James su teoría de las emociones. Arthur Conan Doyle, Max Planck. William Crookes, gracias a él contamos con decenas de fotografías de espíritus materializados. El premio nobel, Richet que pensaba que las capacidades mediúmnicas eran algo natural y que todos los seres humanos lo emanan.

[19] Schwartz. G y Beischel, J.

En 2007, Beischel y Shwartz publicaron un artículo sobre una investigación usando el método científico del triple ciego, los autores demostraron que la recepción de información anómala de los médiums existe y es real. El resultado de los porcentajes fue tan elevado y aplastante en sus investigaciones que a su juicio no hay lugar a dudas de la consciencia después de la muerte. El diseño del estudio elimina mecanismos convencionales y a la telepatía como explicaciones de la recepción de la información. Su investigación coincide con los experimentos de la parapsicología como la supervivencia de la conciencia, la existencia continuada, separada del cuerpo de la consciencia o la personalidad de un individuo tras la muerte. Si la sobrevivencia de la conciencia existe puede contribuir a un cambio de paradigma en la sociedad de profundo impacto espiritual, que haría a las personas más libres y les mostraría otras formas de relacionarse y ver la vida. En algunas universidades prestigiosas de Estados Unidos la parapsicología tiene hasta el día de hoy un lugar; se practican investigaciones con métodos de trabajo de campo y de laboratorio; muchos de los resultados se publican en revistas científicas como *Psychological Bulletin*, *Foundations of Physics* y el *British Journal of Psychology*.

En otras partes del mundo como Brasil y Holanda hacen investigaciones y han observado que los médiums tienen más cristales de apatita en la glándula pineal que los demás. También se comprobó que durante la comunicación espiritual los médiums tienen más actividad cerebral y su flujo sanguíneo aumenta en la región de la glándula pineal.

Las siguientes universidades conducen estudios en el laboratorio sobre lo paranormal: La Universidad de Arizona, Stanford, Cornell, Edimburg, Lund en Suecia, Ultrecht en los países bajos, el Instituto de Neuropsiquiatría de la Universidad de California en Los Angeles, la Universidad de Amsterdam, Virginia, Princeton y Harvard. Aunque estas dos últimas no quieren darse a conocer por este tipo de investigaciones, han llegado a conclusiones sobre la existencia de estos fenómenos.

Por todas las investigaciones sobre lo Psi que han sido replicadas, es muy probable que en unos años la comunidad científica lo acepte, no sólo por curiosidad, sino por la reflexión que la interconexión universal cuántica trae en sus procesos. Es una posibilidad que este mundo de energía, espacio, tiempo y materia sea la puerta para entender la realidad de otra manera. Al parecer el conocimiento de la naturaleza del universo sigue incompleto. Las creencias humanas están incorrectas pues se basan en los conceptos de objetividad y subjetividad inexistentes.

> *Es posible hijo, que los milagros que decían hacía Jesús y te gustaba leer, no tengan relación con superpoderes sino con capacidades humanas de consciencias adelantadas, sensibles e informadas.*

Jung dijo que era un prejuicio absurdo suponer que la existencia puede ser física solamente. Al parecer del único lugar que proviene el conocimiento es de la mente. Podemos decir que la existencia física es más bien una inferencia, pues sólo sabemos de la materia cuando percibimos imágenes psíquicas mediadas por los sentidos.

Tal vez, pronto podamos entender que la materia y la mente son exactamente lo mismo o que nada tienen que ver con la física actual. La Teoría Cuántica ha sido uno de los mayores descubrimientos de la física, pero todavía hay mucho que queda por entender de ella. Además, ésta provee una aproximación del mundo, no el mundo en sí mismo. Cuando se pueda demostrar con investigaciones la existencia de lo Psi y su relación con la Teoría Cuántica, quizá podamos creer que nuestra consciencia es eterna.

Hay quienes están convencidos de que los poderes psíquicos no se han comprobado porque los científicos no los han tomado en serio, por el miedo que puede resultar aceptarlos. Me imagino que así fue como Einstein tuvo que sostener una y otra vez sus teorías hasta conseguir el

Premio Nobel por su Teoría de la Relatividad. Lo interesante será quién lanza la primera piedra, porque ese ambiente se siente en las librerías de San Francisco. Tal vez porque fue aquí donde todos los cambios sociales se han iniciado.

Si algo es real lo podemos usar, aunque no lo entendamos muy bien.

Niño:

Gracias por tus palabras antes de morir. Gracias por darme esperanza antes de tomar la decisión más difícil de tu vida. En todo lo que leí y sigo leyendo me quedó claro que quien no quiere creer algo simplemente no lo cree y aunque vean las evidencias frente a ellos, las van a negar. No creo que acudan a una médium o lean sobre el tema. Me rodeo de estas personas porque yo no hice nada de esto hasta tu muerte.

Me cuesta trabajo creer, soy una de esas escépticas ordinarias a quien le acarició la idea por su enigma, pero el interés nunca fue tanto. Mientras leía esto sobre los incrédulos pensé que quizá podía deberse a que tenemos problemas de confianza, de rigidez o de vejez para estudiar otras disciplinas. Para la mayoría de los intelectuales que conozco, mis amigos, no es un tema. La generalidad piensa que se trata de un asunto psicótico.

Estuve en México y se me ocurrió decirle a una amiga —no vas a creer, pero con mis hijos he tenido telepatía y creo que por eso me fui a vivir a San Francisco. No puede ser que llegué justo cuando mi hijo tenía el tema del suicidio en la cabeza. No debe ser casualidad, nunca tuve ningún plan de mudarme de la ciudad—. Se me quedó viendo, abrió sus ojos, que casi se salen de sus órbitas y me contestó: —Claro; seguro te diste cuenta en las llamadas por teléfono—.

Pensé que escribir este libro me podría dar problemas y estuve reflexionado con Tara, una experta en duelo quien me ha acompañado en este proceso y que me decía, —No lo edites, publica lo que te hace sentido. A mí me hace sentido. Cuando sales de la consulta sigo analizando este tema—.

Quizá sería un error publicarlo ¿una psicoanalista pensando en darle seriedad al estudio de la parapsicología? No sé cómo me vean en mi pueblo. Cuando la vida te pone una ventana, uno tiene siempre dos posibilidades: abrirla o cerrarla. Decidí abrir la mía porque me ahogaba y lo que fui encontrando me generó el deseo de compartirlo, de poner la pregunta en la mesa.

Tu muerte me pegó por etapas. Primero recordé la pregunta que le hice a Dios a los once años cuando murió mi hermano: si existes dame una prueba porque esto de morir está muy fuerte. Durante años le tuve miedo a la muerte y eso me hizo atea. Es difícil creer en algo que no se sabe, sobre todo cuando hay tantas historias de Dios y todos dicen que la suya es la buena. De pequeña amaba a la persona que ayudaba con la limpieza de la casa, ella me llevaba a misa y mi madre, al templo. Así que vengo de un lugar donde creer es la regla.

Me puedo identificar más con la idea de que hay una enorme consciencia interconectada adonde irá la nuestra atraída por ella, que con la idea de que existe ese Dios que nos castiga. Ahora estoy avanzando en este camino del conocimiento, me falta mucho por saber y no sé si por conocer más, en algún momento se me quitará lo escéptica. Pero aquí me tienes muchacho, dudando contigo. No te rías y no me hagas caso, pero después de la pregunta empecé leyendo la Teoría de la Evolución y la Mecánica Cuántica. Tú me dijiste que era lo más difícil de comprender y es cierto.

Después de hacer cuentas me percaté de que ya habían pasado casi cincuenta años de la muerte de mi hermano y no había recibido ninguna señal divina. Espero que en los próximos ya se sepa algo más sustentado, mientras tanto sigo observando. Pienso que después de todo estas conversaciones empezaron en Mileto, cuando los hombres pensaron que no solo los dioses eran la respuesta para la creación del mundo.

Entonces, ¿qué?, ¿Cómo voy a vivir si empiezo a creer esto?, ¿Cómo vivirán los demás?, ¿Qué impacto social puede haber?

Hijo, ya sabes que me gusta soñar y vivo de proyectos. Éramos iguales en eso, siempre siento nostalgia de ti, siempre te quiero aquí y ni con saberte cerca me calmo. No se va la culpa, es menos frecuente, pero la siento. Te respeto y te admiro más por tu decisión de acabar con la vida. Si lo veo del lado de la psiquiatría le echaremos la culpa al diagnóstico. Si lo veo con esta mirada después de lo que hablamos, tengo que estar tranquila. La idea de la eternidad de la consciencia es suficiente para confirmar que cada uno tiene una vida, una consciencia, nació con equipaje y no eres de nadie. Te admiro, nunca hubiera tenido la fuerza de volar, echar a andar la fantasía. Al parecer las personas que toman la muerte como un mito, viven más libres. Esa muerte elegiste.

Después te cuento lo que me dijeron las médiums, primero quiero platicarte mis dudas sobre este capítulo. Me metí a estudiar física, mira que siempre me encantó, pero no era tan buena en matemáticas y eso que hasta en Austin seguí estudiando. Me costó trabajo leerlo y lo que más me enojaba era que todos estos científicos decían que querían escribir un libro para los neófitos, a mí me costó entenderlo. Lo bueno es que fui elaborando el material poco a poco y poniéndolo a prueba con distintos autores todo el tiempo. Estoy muy consciente de que pude haber mal interpretado algunos de los conceptos, pero en mi mente todo tenía sentido; mientras, leía me imaginaba el universo, me sentaba frente al mar a mirar como si tuviera un telescopio. Todo interconectado, parecía un baile de moléculas. Apenas me di cuenta que de alguna mínima manera seguí un poco de la historia de tu conocimiento, la pregunta de cómo cambiaría la sociedad.

Pensé en qué haríamos los hombres de confirmarse la Teoría del Campo Unificado, ¿escribiríamos otra biblia o dejaríamos que ese conocimiento fuera haciendo su efecto? Creo que de reconocerse surgirían muchos cursos para estudiar pues como todo, ha de poder aprenderse.

¿Qué pasaría con el impulso auto-destructivo que también es parte de la consciencia o es más bien falta de consciencia? ¿Y los que maltratan el ambiente, el aire, el agua, las montañas, lo que respiramos y comemos, desperdiciando y consumiendo, esos a los que ahora se les llama que no tienen consciencia? ¿Seguirían existiendo sociópatas y asesinos? ¿Surgirá una religión que nos diga lo que les pasa a los malos? ¿La física descubrirá que ellos son absorbidos por la aspiradora de los hoyos negros? No sé, pero ¿cómo tocaremos la siguiente rosa si sabemos que nos escucha y nos siente? ¿Cómo entraremos al mar después de saber que lo que tiramos en él nos destruye? ¿Cómo viviremos un duelo si existe la esperanza de que mi energía se comunique con una consciencia transformada por la muerte del cuerpo?

Me hablaste de ciencia, pero nunca tocaste el tema de lo paranormal y mucho menos de los médiums. Antes de tu muerte no fue un tema para mí y me imagino que tampoco lo fue para ti. Una de las primeras personas que me buscó después de tu muerte fue tu maestro de meditación de Australia. Habló de la reencarnación y la teoría oriental sobre la muerte, quiso transmitirme muchas cosas, pero solo pude quedar confundida. Ahora creo que entiendo lo que me trató de decir cuando insistió en que te encontraría de nuevo.

Voy a contarte la parte más difícil de aceptar, temo la crítica como cualquier humano, pero le tengo mucha esperanza al desarrollo de mi fe. Mi camino comenzó cuando empecé a leer con mayor profundidad a Bion ¿te acuerdas cuánto hablábamos de esto? Creo que lo empiezo a entender, porque este oriental de nacimiento seguro tuvo experiencias espirituales para pensar en su concepto de transformación en O, lo cual creo comprender ahora por experiencia.

Tuve dos momentos especiales que me llevaron a sentir una espiritualidad y una serenidad particulares. Insisto, y tú lo sabes, mi vida está exenta de espiritualidad ya que ese concepto nunca me ha quedado claro;

la entiendo como bondad y capacidad de disfrutar. No soy buena para meditar ni hacer yoga, no me gusta leer New Age, los movimientos no me inspiran pasión me parece que todos son asuntos individuales de tramitar. Desde que moriste prefiero escuchar jazz y estudiar más que trabajar. En realidad, cuento con la suerte de tener un trabajo que no lo siento como tal, sino como mi pasión.

Hice muchas citas con médiums, todas me dijeron una sola cosa de ti que me hizo sentido, que tú y yo habíamos hablado. Te escucho riendo a carcajadas que me hacen sonreír, pero entiende que en esa época no encontraba consuelo en nada más, así que empecé a hacer todo este estudio sobre la consciencia. Estaba en una etapa de negación que me duró bastante. Me parece que estas maravillosas personas que piensan tienen talento para conectarse con otros reinos, me llevaron a darme cuenta de que no debía estancarme ahí. Había mucho por leer, escribir y pensar. Mi parte escéptica no se ha curado, si es que eso es una enfermedad, lo que me ayuda enormemente es saber que muchos científicos de "nivel" tienen la inquietud de estudiar estos fenómenos que se repiten sin seguir las leyes de la probabilidad. Las ocurrencias superan las posibilidades de no existir.

Todas las citas con las médiums me decepcionaron porque me di cuenta que ninguna se iba a vestir con tu ropa y hablar con tu voz. Estas sesiones mediúmnicas fueron por teléfono ya que desconfiaba supieran mi nombre y apellido porque aparezco en Internet, pero todos te lo piden y te cobran por adelantado. Hubo sesiones en las que lloraba tanto que no podía ni escuchar lo que me decían, mi investigación no tiene ninguna validez a pesar de que fue extensa. La madre de un hijo que ha muerto no es confiable ni en lo que recuerda después de la "lectura". Algunos médiums se ayudan con el Tarot, creo que por eso le llaman así. Algún día quisiera hacer una investigación seria o tal vez aprender a desarrollar estas habilidades, pues parece que existen. Soy de las que "hasta que no veo, creo". Estoy segura de que absolutamente todas las madres queremos *pensar que los hijos siguen en contacto con nosotros después de muertos y esperamos que todo el mundo nos hable de ellos.*

Para eso sirvió mi compulsión de negar tu muerte, eran encuentros devastadores porque mis expectativas no se llenaban; soy una de las que no cree aunque las evidencias me hagan dudar. Me parece que si uno tuviera que elegir una sesión con algún médium, sería mejor que lo hiciera al menos a los dos años después de fallecido el amado. No porque piense que el alma necesita tiempo, sino porque antes de ese periodo, como en las condiciones en que yo me encontraba, no se pueden ver con claridad las contradicciones.

Me atrevo a decir que de todo lo que leí sobre las experiencias psíquicas lo bueno son las habilidades de precognición, me dijeron cosas de las que había platicado contigo. No dudo que estas personas tengan habilidades Psi, sería ridículo ignorar todos los estudios sobre estos fenómenos realizados en Princeton, Harvard, Arizona, etcétera.

Te pido una disculpa por mi falta de interés sobre de dónde venimos y a dónde vamos, me hubiera gustado hablar más de esto contigo. Será que mis dudas existenciales fueron tantas y se diluyeron con los libros. Con humildad te digo que me sorprendió leer casos de niños que hablan de temas que a sus padres no les hacía sentido y la preocupación por no entenderlos, los lleva a consultar a quien les pueda ayudar a comprender. Se preocupaban porque no desconfías de un niño de tres años que habla de una de historia que existió en otros tiempos. Estos niños manejan un nombre y un relato imposible de saber a menos que lo hubieran vivido. Las historias se comprobaban una y otra vez, indicando que la reencarnación sucede entre los de la misma especie.

Mi científico, mi luminaria, te alcanzaba el tiempo para leer de todo. Paulatinamente te volvías más espiritual ante mis ojos; te respeté, pero no indagué. Te preocupaba ver a tus amigos luchando contra la competencia y el desempleo, ver a los indigentes en las calles, percibir el dolor de tus semejantes y al mismo tiempo querías respirar otros aires más livianos, menos problemáticos y más amorosos. Estabas cansado de vivir bajo estos preceptos que no tenían ningún sentido para ti pues creías que la consciencia era inmortal.

También es cierto que tenías mucho dolor, pero tu inteligencia y fuerza no te permitieron mostrárselo a nadie más que a mí. Sé que podías sentir mi dolor, mi preocupación, mi frustración y al final comprendí que cada uno tiene derecho de "hacer con su vida un papalote" y volar hasta donde se esté contento. Parecías un roble diciendo —Hasta aquí. Ya me cansé, ya hice profesionalmente todo lo que me propuse, no quiero más de lo mismo. Se acabó—. Eras viejo mi vida, el dolor te envejeció. Creías parecerte a mí, yo pensaba que eras mejor. Tu bondad, tu sentido del humor y tu cuidado por mí no los voy a tener más. Me dejas un gran vacío con el que tengo que lidiar.

Ojalá sea verdad y nos encontremos después. No puedo engañarme, sigo pensando que es la fuerza de mi deseo la que me lleva a pensar así. Me doy cuenta de que nunca podré sentir la certeza dentro, pero me acomoda estar en la duda porque lo que me queda es vivir. El único deseo es escucharte, a veces lo logro, sobre todo cuando me resigno a esta circunstancia de realidad.

Leer los libros que me llevaron a escribir este capítulo me ayudaron a ver que el tema sigue vivo en muchos laboratorios de este país. Tal vez un día estas investigaciones sean más divulgadas que aquellas que insisten en pensar que la consciencia eterna provocaría una revolución.

Por último, quiero contarte dos eventos que me pasaron e inmediatamente te pensé, sentí un escalofrío y me sorprendí, espero algún día entenderlo.

En una ocasión, al escribir este libro completamente concentrada en mi computadora, di un pequeño brinco de sorpresa al sentir una presencia. Levanté la mirada y vi un halcón de cola roja posado muy gallardo *en la barda de mi casa. La primera sensación fue miedo, después curiosidad, pensaba que estabas aquí, que venías a darme de cachetadas por seguir dudando de que estás junto a mí. No habrá manera de comprobarlo, aunque me encantaría saber la probabilidad que existe de que un halcón cola roja se pare en la barda de mi casa. Me veía, se volteaba, en esa actitud de quien se siente un poco tenso al estar en ese sitio. Su impresionante belleza y majestuosidad me llevaron a pensar en las veces que hablamos de tu gusto por ellos. Todos los días busqué una señal que me hablara de ti, hasta olvidarlo por completo y esa experiencia vibró en mí. Nunca sabré si fue una señal o una casualidad, a menos que alguien me tome en serio y haga un estudio de probabilidad.*

El pasado cumpleaños no quise pasarlo sin ti. Me había propuesto vivir y necesitaba un descanso para tomar fuerza de nuevo y escribir sobre este tema que me duele tanto y me deja con más preguntas que respuestas.

Otra mañana tuve una experiencia que me llevó a vivir una serenidad que no había sentido antes. Me había propuesto estructurar en mi mente el capítulo sobre Biocentrismo. Por las mañanas leía sobre física y escribía mis resúmenes, por la tarde iba a La Balandra. Con este nuevo conocimiento en mi mente, te cuento lo que viví con sorpresa y escepticismo: estaba en medio de una naturaleza impactante y hermosa que me envolvía con fuerza, inyectándome una dosis de belleza que sentí curativa, como si me bañara en agua y miel. Algo que nunca había sentido en una playa mexicana. Los caminos me parecían familiares como si yo fuera de ahí. Un día decidí sentarme un rato a contemplar el mar desde la playa. No sé cómo pasó, pero de un momento a otro, parecía que entraba al paisaje como Alicia lo hizo al espejo y sentía todo más cerca de mí. El mar me pareció un tibio acuario, me senté para recorrerlo con mis ojos, con curiosidad sentía sus colores y pensaba: "estamos hechos igual". Por un momento ya no había distancia entre afuera y adentro. Vi tu rostro palidecer en la luz tenue mostrándome tu serenidad. Mi duelo cambió en ese instante, estabas tranquilo entre un sutil humo blanco que me regalaba un nuevo gesto tuyo.

No tenía ningún control sobre lo que sentía. Vivir ese esplendor era involuntario y no quería dejarlo de hacer, pero de golpe me conectaba con lo demás. Entraba y salía con brusquedad de esa sensación que duraba un instante. Quería vivir en ese estado siempre, pero no dependía de mí. He intentado repetir este momento sin lograrlo. En lugar de sentirme pequeña en la inmensidad del universo me sentí parte de él. En ese escenario la muerte aparecía como algo tan natural, despojado de miedo y de preguntas, con sus colores brillantes gracias al Sol y a esas montañas que parecen abrazarnos a los dos. Te sigo extrañando. Pero ahora vivo un poco más.

P. S. Los duelos pasan por una fase llamada manía, es un recurso de la mente para negar el dolor de la pérdida. Hay muchas maneras de hacerlo y depende de los gustos o la personalidad. Por ejemplo, existen personas que se vuelven adictas a las compras y otras, como me pasó a mí, a las letras. Me parece que la manía se entrelaza con la depresión en distintos grados: a menos manía más depresión y viceversa. Hay personas que pueden tolerar mejor su tristeza en estos casos; si lo logran, les puede servir para tocar fondo antes porque todo tiene un límite, hasta el dolor. Otras personas se estancan en la manía porque piensan que si se ponen tristes se desplomarán y nunca saldrán de la cama. La mía tomó dos formas, una destructiva y otra creativa. En mi destrucción no entendí los límites de mi cuerpo y sobre el factor creativo hablaré más adelante. Así me sucedió y ya conocen las consecuencias de ambos casos. Me parece que este capítulo es producto de mi manía y la necesidad de encontrar esperanza con respuestas que espero algún día puedan ser confirmadas. Por momentos mi ansiedad era difícil de tolerar y uno de los remedios que elegí fue estudiar acerca de estos temas. Me aseguré de que la información proviniera de fuentes serias, pero no puedo asegurar nada de lo que escribí aquí. Me quedo con el interés en la física y las neurociencias, que al parecer han dado un gran salto al descubrir los átomos rosa mosqueta. Auténticamente pienso que esta etapa ayudó en mi duelo. Lo que también comprendí es que por más que alguien me asegure que mi hijo está aquí conmigo, lo sé porque lo siento en mi corazón, pero no lo puedo ubicar fuera de mi mente. Además, creer o no, en nada cambia la sensación devastadora de la pérdida. Interesarnos por algo es conectarnos a la vida y esas son las bendiciones de la manía creativa, nos hacen sentir vivos, aunque sea un instante y si nos va mejor podemos empezar un nuevo plan. Una amiga recolecta zapatos y los reparte en lugares de pobreza extrema, ella llamó a este quehacer con el nombre de su hija quien murió a los diez años; no sé si la mayoría de las personas que pasan por esta experiencia tienden a desarrollar un proyecto que puede ser su trabajo o ayudar a un grupo que tenga causas semejantes.

Mi manía fue escribir. Después de cinco libros de texto nunca creí que convertiría la escritura en mi trabajo, había sido mi pasatiempo mientras cursaba la carrera, la maestría y el doctorado. Tuve suerte de que en 1997 no había nada sobre Orientación Vocacional en México, mi libro abrió ese espacio en muchas escuelas y produjo libros sobre el tema.

Creo que cuando la pérdida es tan dura lo difícil es encontrar una parte maniaca. La mía empezó limpiando mi casa, después me sumió la tristeza y finalmente recobré el deseo de trabajar. Una amiga perdió a su hijo y se volcó por su trabajo, esta es una manía creativa. Lo que me sucedió con la limpieza de mi casa era reflejo de un miedo a no podernos parar. A todos nos llega el momento de querer vivir porque eso es lo que estás haciendo. Algunos inician fundaciones, enseñan algo o ayudan en alguna institución.

Reconocer estos sentimientos ayuda a, eventualmente, elegir un nuevo proyecto que se relacione con tu pérdida, algo que te obligue a salir de la casa, te haga sentir vital o gradualmente mejor. En lo personal, tardé un año sin saber a qué me quería dedicar; así es, dudé de mi conocimiento, mi entrenamiento y mi capacidad creativa.

Les cuento la anécdota de uno de mis maestros que intentaba ayudar a una paciente difícil que no aceptaba ninguna interpretación. Al momento de despedirse, el doctor se da cuenta que la playera de ella tenía la imagen de un sol y al estrechar su mano, le dice, —No olvides que todos los días sale el Sol.

Me gusta pensar que voy a verte.
No sé en que lugar, ni en que estación o circunstancia.
No sé si hoy, mañana, en unos años o en alguna otra vida.
No sé si siendo niños, jóvenes o ancianos;
en forma de personas, de agua y piedra, flor y tierra o lluvia y cielo.
Sólo pensar que voy a verte de algún modo;
en algún tiempo en que nuestros destinos coincidan nuevamente.
Sólo pienso en eso.
Me gusta pensar que voy a verte.

Eric Leunam

Parte 3
Mueres

Tercer Capítulo
Los restos emocionales y cómo lidiar con ellos

"Creo que yo tuve la culpa que mi tío se mató. Seguro iba a comprarme mi juguete cuando tuvo el accidente."

José, ocho años.

Este es el último capítulo, pero no el final. Les dejo mi experiencia del duelo con la esperanza que a alguien le sirva y lo lleve a reflexionar. Cada situación es distinta y multifactorial por eso no se puede juzgar; lo que queda es entender el dolor desgarrador para ser más compasivos con nosotros mismos y los demás. Creo que ha quedado claro que hay más desconocido que conocido en todo lo que vemos, por ello la tarea de vivir es aprender a observar con detalle, estar más alertas y conscientes de lo que sucede a nuestro alrededor.

El proceso de pensamiento durante las pérdidas provoca que todo lo exterior se vea magnificado y desorganizado. Al igual que en todos los golpes de la vida, una pérdida se entiende hasta después de ser transitada; ahí inicia la autopsia de una relación. Espero haber logrado llevarlos por el camino que seguí y mostrarles que sí se puede vivir después de una tragedia tan grande como esta. No es fácil, pero se consigue cuando le podemos dar un sentido a nuestros pensamientos y emociones. El duelo a fin de cuentas es una oportunidad para entender una parte de nosotros que estaba oculta y que de otra forma jamás hubiéramos conocido.

Cuando mis pacientes vienen a consulta y me dicen que tienen miedo de profundizar, les digo, —Saber de nosotros mismos es lo único que nos puede liberar—.

Espero haberles transmitido el proceso de duelo y cómo se vive en la cotidianeidad. Primero pasamos por una gran confusión, rabia y desolación. Después seguimos con la manía que puede manifestarse de muchas maneras. En mí generó otro tipo de preguntas que nunca me había hecho y que ya se las compartí en el segundo capítulo. Ahora les hablaré de los restos emocionales que quedan en nosotros y que desconozco si algún día desaparecerán por completo. Pero puedo afirmar que comprender nuestras emociones, nuestros prejuicios y diferenciarnos entre el que murió y nosotros mismos es posible y útil para sanar. Ahora entiendo de dónde han salido los mitos sobre la vida y la muerte ya que es el dolor es el que te lleva a rincones nunca antes explorados, a ideas y pensamientos nunca antes curioseados.

La muerte de un hijo tiene que pensarse y repensarse hasta llegar al punto de sentir infructuoso el intento por entender lo que parece es inentendible. En mis peores momentos me he preguntado cómo salir del agujero mental que se vive ante la pérdida; así como en los buenos momentos le agradezco a mi hijo lo mucho que me dejó y lo que seguiré aprendiendo por él. He pasado por tantas etapas que llegué al punto de sentir que enloquecía. Sin duda es necesario tocar fondo para poder salir. Sumergirse en nuestro interior es una tarea definitivamente gratificante y sigo pensando que el psicoanálisis me ha dado las herramientas para poderlo pensar por mí misma. Después de un tiempo comienzas a sentirte mejor y te das cuenta que todo en la vida tiene fecha de caducidad, por más que nos neguemos a aceptarlo llega un punto de la batalla que nos cansamos de pelear contra la realidad.

Estoy convencida que el autoconocimiento te ayuda a pensar mejor y el psicoanálisis brinda las herramientas para entrar en otras profundidades de uno. Es cierto que en Estados Unidos el psicoanálisis tuvo un decline por la duración de los tratamientos y porque no se han comprobado científicamente las teorías que planteó Freud, pero es indudable que la mente funciona como él afirma.

El suicidio no respeta ningún hogar. La ideación suicida cuando se instala no deja de palpitar, todo está decidido mucho antes de el "gran día" y nada ni nadie los cambia de opinión. Tal vez los jóvenes tienen el impulso y saltan por accidente, pero algo está dentro de ellos que no los deja descansar y piensan en el suicidio como una salida del dolor. El que se suicida deja de pelear, se siente cansado, se rinde y está en su derecho de llevarlo a cabo cuando es adulto. Cada vez más personas toman esta brutal decisión frente a su dolor. Alcanzo a entender que se trata de un dolor incognoscible para los demás pues el suicidio no es una salida fácil. Para algunos la vida resulta imposible de tolerar. Respeto a quien decide tomar ese camino pues me parece que es una tremenda decisión.

El fin del sufrimiento de mi hijo llegó con su muerte. Los que nos quedamos tenemos que aprender a vivir, lidiar e incluso domar el dolor. Pero primero debemos dejarnos caer hasta el fondo para poder empezar a vivir de nuevo. Es una salida lenta, pero sobre todo requiere de una profunda comprensión de uno y de los demás. En este estado es necesario contar con personas solidarias que sepan estar y te den "momentitos" que ayuden a liberar la mente del dolor. Hay personas que se pueden alivianar con el trabajo o para otros puede ser una pareja. Quien no ha perdido a alguien querido no sabe lo que se siente, aunque igual puede ayudarnos a sanar. Al principio la única tarea es encontrar motivos para sonreír.

Todos necesitamos de alguien que nos brinde seguridad y nos acompañe a pasar este doloroso momento. La muerte de un hijo te deja inválida y de no ser por el "afuera" podríamos entrar a un estado del que no saldríamos jamás. Al principio tenía tanto miedo de caer al fondo del abismo que me forzaba a levantarme; pero ejerció tanta presión en mí que terminé rindiéndome y me dejé caer. Ahora que estoy afuera de ese abismo puedo decir que no hay nada que temer, al final comprendes todos los caminos que usa la mente para evitar el dolor mental y muchos como yo encontramos una salida ayudando a quienes no han podido transformar su dolor. En este momento a distancia entiendo que no debemos resistirnos a sentir porque las emociones no se equivocan, sólo hay que comprenderlas mejor. Espero que este libro sea reconfortante para quienes viven este dolor y también para quienes lo desconocen y lo quieren comprender.

Durante todo el proceso del duelo hay algo que persiste y se llama culpa. Es un sentimiento universal que solamente excluye a los sociópatas. Aunque te autorreproches, todos los caminos te llevan inexorablemente a darte cuenta de la realidad. Dos años he estado así, hasta que acepté que la pérdida es irreparable y que mis preguntas quedarán sin respuesta. La vida sigue cuando nuestros padres mueren y hasta cuando se pierde un hijo, no la podemos detener a menos que nosotros fallezcamos también. Dicen que un libro es como un hijo y este libro lo ratifica doblemente ya que habla de ese ser maravilloso que tuve la fortuna de conocer: mi niño hermoso que acuné, amamanté, abracé y acompañé durante el tiempo que vivió, todo el tiempo en que sentimos nuestro amor.

Cuando mi nieto de ocho años me dijo que se sentía culpable de la muerte de su tío, comprendí que la culpa es primigenia. Dicen que los niños no sienten culpa hasta los tres años, pero según mi parecer viene impresa en nuestro ADN desde el nacimiento porque es un sentimiento que nos ayuda a sobrevivir dentro del grupo. Quien se siente culpable procura no lastimar a otros; en cambio el que no siente culpa es incapaz de establecer relaciones con los demás. Así, todos los que vivimos alrededor de a mi hijo nos sentíamos igual, con culpa porque no pudimos salvarlo, por no haberle dado mejor vida, por no ser con él como nos hubiera gustado. De todos los que me vinieron a visitar, recuerdo un hombre que me escribió, —Nada de culpas. No hay culpables en una situación así. Su hija había fallecido en un accidente mientras él manejaba. Pensé que fácil se dice no hay culpables ni culpas, pero lo valoré porque lo afirmaba alguien que había descubierto eso en su duelo.

Durante todos y cada uno de los días después de la muerte de mi hijo me sentía culpable, me atacaba la idea de lo que no dije, no pregunté o no hice y recibía un golpe en mis entrañas anunciándome que había fracasado como madre, como psicoanalista y como persona. En esos momentos no hay futuro ni esperanza, todo lo que hay en la mente es ¿por qué?

Angustia y culpa van muchas veces de la mano, las dos igualmente dolorosas se presentan a la par produciendo mucho dolor mental. Amanecía perezosa y me dormía con angustia, fue un momento de profunda introspección. A "toro pasado" vi las pistas que fue dejando mi hijo de su dolor y nunca pensé fueran tan profundas como para terminar con su vida. Nunca lo vi tan mal, nunca se mostró tan mal, pero así estaba y eso me confirma que nunca sabemos lo que pasa en la mente de los demás. La consciencia es lo más privado que tenemos.

> *Casi todos los días, en algún momento, mientras hablo contigo o veo tus fotos me siento culpable porque no te salvé, porque no corrí a verte ese día, no te hice dormir en mi casa y te dejé sin guardia, sin medir el peligro que representaba tu ansiedad. Sé que te pedí te mudaras conmigo, que te insistí y no sé si debí insistir aún más.*

Cuando comienzo mis días culpándome, pienso en mi nieto que prontamente se responsabilizó de la situación. Cuando me lo contó mi hija le comenté, —Así de irracional es la culpa, no reconoce los hechos. Sin embargo, por momentos sus palabras calmaban mi dolor demostrándome que la culpa no es el camino a seguir, porque simplemente no tiene vereda, pero tampoco uno puede parar y crees que no dejará de punzarte jamás. Con sus palabras mi nieto me enseñó que la culpa es irracional, estúpida, inoportuna y que va en contra de la calma; con ella la vida se vuelve ardua, difícil y hasta repugnante porque no hay nada más que hacer. El hecho que te hizo sentir culpable no puede cambiar y la culpa, implacable, te persigue hasta que te encuentra y te enfrenta con una realidad que no hay forma de canjear.

Al principio me negaba a creer que estabas muerto aun por momentos no lo puedo creer, te extraño, te siento cercano, pero cuando veo tus fotos tengo una dolorosa nostalgia de lo que fue y de lo que no pudo ser. Cuando me siento así, no hay esperanza ni luz que alumbre mi día. La vida después de la muerte se vuelve quimera y me deja en espera de recobrar mi fuerza, aunque solo sea la necesaria para aligerar esta rueda de desgracia que supone mi vida sin ti. Mientras tanto, trato de imaginar lo que necesito para encontrar la salida del laberinto que me atrapa, me angustia, me provoca y me punza sin pausa. ¿Cómo vivir junto al enemigo (la culpa) pendiente e incansable que sobresalta?, ¿Cómo vivir con el hueco que dejaste en mi vientre y en mi alma?

Transito entre sentimientos que no me dejan dormir y pequeños momentos de anhelo por volverte a ver. Quiero creer en los cientos de estudios sobre muerte clínica e imaginar el túnel de luz flanqueado por los amores que perdí. Pensando así me moriría mañana para volverte a ver.

Tu crisis será un misterio que me acongojará siempre. Por ahora, taladra mi mente cuando veo lo cerca que estabas de activar tus planes antes de comunicarme tu dolor; sucedió sorpresivamente para quienes vivíamos en otra cotidianeidad. Me alegro que me hayas esperado para disfrutarte de cerca casi dos años más. Me arrepiento del infructuoso optimismo por pensar que podía detener tu doloroso proceso.

La confesión del suicida ratifica la intolerancia que obedece al impulso de entregar el alma. Es la razón para eliminar de tajo tanto dolor innecesario. Es el impulso del vuelo que corta de raíz lo que pudo ser. Cumple el deseo de ser recordado como en la última foto que tomamos antes de obstruir la vereda de lo posible.

Te veo mi niño adorado, con tu sonrisa hermosa y te digo lo que siempre te dije en cada encuentro: ¡Qué guapo que estás!

Ganó el suicidio y no a la recuperación.

Al principio…

Perder un hijo despierta rabia, impotencia y desesperación. Te lleva a deambular insistiendo en la incredulidad. No se puede creer que exista un dolor más fuerte y persistente, tampoco que ya no vas a verlo más y mucho menos que la vida pueda seguir sin él. Uno se aferra al dolor como si fuera una evidencia que está aquí… Hasta que te vas soltando para retomar la vida que existía antes. Después de pelear con uno mismo sobre lo que pudo ser, lo que nos faltó hacer y lo que queremos ser, intentamos vivir con esa gran ausencia. La negación va cediendo y suavemente te va presentando la historia de lo que en realidad sucedió. En este punto se fractura nuestro esqueleto interno y viene la caída vertiginosa de nuestra omnipotencia infantil, donde nos damos cuenta que no podemos proteger a alguien que no quiere ser salvado.

Irremediablemente el suicidio parece acallar un grito de desesperación. El que se queda necesita aprender a vivir con la tragedia y debe transitar el proceso necesario para alcanzar la resignación. Resignarse significa ponerse en manos de la voluntad de otra persona, puede ser Dios o nuestros pensamientos que parece tienen vida propia.

> *Le doy vueltas en mi cabeza y pienso en preguntas que me hubiera gustado hacerte. Veo tu foto mi niño guapo y veo los días de felicidad que tuviste, que compartimos y que pensaba así serían todos. Me sigue doliendo tu tristeza y el camino que siguió.*

Pienso que el sentimiento más persistente del duelo es la culpa. Parece un sentimiento primigenio porque todos estamos propensos a sentirla y muchas veces ni siquiera sabemos qué la echa a andar. La teoría popular dice que no hay culpables ni responsables de las decisiones de los demás; explicación que no sirve ni calma a una madre que siempre se sentirá responsable del bienestar de sus hijos, aunque llegue un punto de la vida donde nos damos cuenta de que solo somos responsables de lo que hacemos.

La culpa forma parte del duelo y dura lo que cada persona necesita para entender que los humanos no somos omnipotentes, grandiosos ni indispensables; y peor aún, cuando nos damos cuenta que la vida sigue igual para todos menos para el que está desolado. Es ahí que el suicidio y la culpa son las dos caras de la moneda y tienen en común el sufrimiento. Hay eventos que suceden y nos sorprenden no porque sean novedosos sino porque no los podemos ver en toda su extensión. Es aquí cuando debemos tener capacidad para esperar y entender que la vida está llena de procesos que toman su tiempo. Nada surge espontáneamente.

El duelo dura hasta que podemos renovarnos tras la tragedia, porque cuando un hijo se muere ya nada es igual. Surgen deseos de ayudar al prójimo, trabajar menos, pasar más tiempo con los que amamos y cambiar algo para llenar un poco ese hueco que dejó. Entonces, hacemos por él lo que crees que le gustaría y haces por ti lo que te ofrece más satisfacción. Yo me interesé por ayudar a las parejas porque me parece que la vida se condensa cuando nos unimos a otra persona, de la pareja surge la vida de otros y ahí comienza la historia. Teniendo la experiencia de la reciprocidad te das cuenta de tus propios valores, prioridades y tu forma de amar. Mi aspiración después de la pérdida es ayudar a otros a amar mejor. Amar mejor significa escuchar al otro con atención, con aceptación, como un mundo desconocido que nos interesa explorar. Amar mejor supone escuchar desde la empatía y no desde el juicio, desde su historia y no de la nuestra; es estar abierto a las diferencias, necesidades y deseos del otro, separado de uno; intuye su fragilidad, su fortaleza y cuida su vulnerabilidad. La dinámica familiar es muy compleja, todos cumplen una función y cada uno va construyendo sus aspiraciones y su ideal.

Cuando supe del suicidio de mi hijo todo era intranquilidad, pensaba en mi culpa por no haber hecho algo que detuviera sus planes, me pegaba en la cabeza para detener mis pensamientos estériles y me metía en la cama sabiendo que estaba enmarañada del dolor. Me imaginaba el salto, su fuerza para tomar esa decisión y su desesperación. Me perturbaba…y si lo hubiera podido impedir?… Mi hijo era un adulto y no tenía autoridad sobre él. Estaba sola en esto, viviendo todo junto, sintiéndome culpable hasta de sonreír. La culpa me carcomía, se sentía en un ataque de angustia del que hay que correr para salvarse de la asfixia. Así me imaginaba y… ¿si hubiera? Trataba de desechar esos pensamientos rápidamente diciéndome que no todo lo que le pasa a los hijos es culpa de los padres. Primero porque nosotros mismos llegamos al mundo con una consciencia y preceptos heredados que tuvieron que ver con nuestros padres y abuelos, muchos de ellos desconocidos por nosotros mismos. El inconsciente lo capta todo, por eso estar despierto cobra una importancia mayor. *Awareness* le llaman los americanos, una palabra precisa que se refiere a observar y vivir la vida con mayor consciencia de nosotros mismos para poder ser más empáticos con los demás. Cuando tenemos hijos tratamos de reparar los errores que pensamos nuestros padres cometieron con nosotros, sin darnos cuenta que serán otras las adversidades que nuestros hijos tendrán que enfrentar. La vida viene así, con dolor y alegría, lo que se espera es que esos brincos de un sentimiento a otro no sean tan bruscos y se sientan en continuidad.

La felicidad es un mito que al parecer muchos han tratado de explicar. En realidad, me parece que tiene que ver con aceptar lo que estamos viviendo y hacer lo que podamos para transformar lo que no nos da contento. La felicidad para mí significa tranquilidad y la culpa no nos permite tenerla, porque se afianza de un recuerdo inconsciente que luego se hace consciente en nuestro cuerpo y en nuestra mente. Pasado el tiempo podemos analizarla y comprender qué la desató. Por ejemplo, veo la cara de mi hijo en un parque, veo sus gestos, me alegro pero después pienso que ya no está y me torturo por no haberlo detenido. Mi cuerpo reacciona con algún dolor y en la mente se mantienen pensamientos obsesivos que no me permiten descansar. Hasta que los vuelvo a detener, me doy cuenta de lo que sí hice y voy resignándome a la idea de que las cosas son como son y no hay más.

Así es mi experiencia de la culpa. Podría hablar de una culpa maligna que te atormenta y no cesa jamás. La culpa porque mi hijo decidió volar se puede acallar completamente, me queda su voz grabada diciéndome: te quiero mucho mamá.

Al principio la culpa maligna no me dejaba vivir más que a ratos, se presentaba muchas veces al día, me asaltaba de repente cuando menos me lo esperaba, con reclamos y dudas, con grandes deseos de cambiar de historia. Hay que saber ser bruscos con los pensamientos culposos para detenerlos y detenerlos de tajo. Se siente caer a un abismo si no lo podemos parar. También es un proceso que de tanto repetirse en la mente toca fondo y se detiene para respirar. A fuerza de la repetición, los pensamientos obsesivos van cediendo, van entendiendo que la culpa es un laberinto que no se puede sostener para siempre, necesita ceder.

Todo tiene un fin. El duelo también lo tiene, no se puede alargar más. Esto no quiere decir que he dejado de llorar, pero ahora me siento con muchas más ganas de aprender de todo lo que hay. Después de un tiempo te permites ser menos dura contigo misma, te das cuenta que por más que te lastimes el hijo no va a regresar, entonces eliges vivir, crear una forma de ser amable contigo y con los demás. Yo pensaba que era una persona compasiva, empática, amable, pero con la muerte de mi hijo me di cuenta que hay niveles más profundos de sentir la humildad. Un golpe tan fuerte te enseña lo que es el amor. Esa es la única luz que hay al final, es lo que nos queda para cambiar.

Sin duda la intensidad de las emociones se modifica con el tiempo. No son para siempre, aunque sean persistentes. Se van transformando en otra historia, en una que toma en cuenta nuestras debilidades, nuestros defectos, nuestras limitaciones y nos regresa a sentirnos humanos, sin poderes para detener lo que se gestó en la mente de otra persona.

Me imagino que la culpa de los que se quedan cuando alguien decide suicidarse es mayor en intensidad y profundidad que cuando alguien muere de viejo o de enfermo, aunque el hueco que dejan y el dolor sea el mismo. El que se suicida o quien lo sobrevive no sólo tiene que lidiar con la culpa sino con otros sentimientos más. Los que seguimos vivos contamos con quienes amamos y debido a la tragedia estamos motivados a amarlos mejor. La muerte de alguien cercano golpea nuestros cimientos, nuestros valores y nuestra personalidad.

Ahora me siento mejor y de la culpa quedan residuos, pero la falta de mi hijo es lo que más me duele y no dejo de extrañarlo. Me doy cuenta que la culpa estorba para reflexionar y para entender nuestro lugar en la vida de los demás y el daño que nos hacemos cada vez que pensamos en lo que pudo ser. Desde que murió he imaginado muchas conversaciones con él y todas me dicen que ese era el destino que eligió. Agradezco a la vida la oportunidad de haber estado cerca de él cuando sentía tanto dolor.

Estaba decidido. Ahora pienso que fue muy generoso conmigo porque soportó unos meses más, a pesar de que esa idea ya estaba instalada dentro de él. Me resigno porque mi razón me dice que el sufrimiento es un buen motivo para renunciar a la vida. Pienso en él y me digo que tengo que respetar su decisión y resolver el dolor que siento ya que es mi única responsabilidad. Un golpe de esta envergadura genera sentimientos en cadena que debemos desenredar. El dolor es como un ovillo de estambre que se necesita desenredar mientras encontramos una forma de lidiar con él para que nos permita disfrutar lo que nos queda. Cuando nos equivocamos nos sentimos mal, pero no nos detenemos a etiquetar cada una de las emociones que se sienten como culpa y junto a ella surgen el arrepentimiento, la pena, la vergüenza y la indignación. Estas emociones nos evalúan, nos juzgan, ponen a prueba nuestra integridad y se sienten como angustia y desesperación; nos enrostran nuestro supuesto error.

La culpa forma parte de la consciencia que como entidad moral contiene los preceptos sociales que necesitamos acatar para convivir, todos sabemos como comportarnos en público y lo que se espera de nosotros, eso lo traemos en la herencia y lo fuimos mamando al nacer. Pero como los humanos no somos perfectos tenemos impulsos que nos llevan a violar algunos de sus preceptos, a costa de sufrir dosis de remordimiento que serán proporcionales a la culpa innata y familiar. Pienso que ciertas familias o culturas son más propensas a la culpa que otras, así como hay culturas más paranoides que persiguen a sus miembros con su código de legalidad. Por ejemplo, la gente suele burlarse de las madres judías e italianas exponiéndolas frente a los demás como sobreprotectoras, porque sienten que los hijos son su responsabilidad. Es una mezcla de cultura y legado generacional.

El remordimiento es un sentimiento interno de malestar que inquieta, atormenta y preocupa. Coloquialmente decimos que nos remuerde la consciencia y esto nos despierta el deseo de tratar reparar una falta y buscamos compensar con una acción que la pueda neutralizar. Por ejemplo, me remuerde la consciencia no haber entendido que algunos homosexuales, sobre todo los que provienen de un ambiente conservador, sufren mucho de discriminación antes de salir del clóset y, por si fuera poco, siguen sufriendo su naturaleza después. Así como la homofobia es algo cultural; en ciertos grupos la homosexualidad se considera una debilidad. Nunca pensé que en una ciudad como San Francisco, aparentemente tan liberal, irradiara discriminación; lamentablemente caigo en cuenta que en todo el mundo es lo mismo. Si eso pasa en este país, imaginen lo intenso del rechazo en culturas como la de México. Me acongoja no haberme dado cuenta lo que vivió mi hijo y no me contó. Uno piensa que ya no sufre más cuando por fin lo ves salir de la mano con su pareja y crees que el rechazo ha desaparecido con la liberación, pero no siempre es así ya que la experiencia de la discriminación a muchas personas las deja marcadas de por vida. Mi hijo eligió San Francisco para vivir y se dio cuenta que la homofobia es un asunto ancestral.

Nacemos conscientes para percibir, sentir, intuir y pensar.[20] Lo que ocurre en la mente es privado y muchas veces poco claro, sobre todo lo que no nos "checa" con las diferencias que sentimos en relación a los demás. En nuestra mente ocurre un diálogo que a veces no logramos comprender, un estímulo que nos despierta algo y nos lleva a volar la imaginación. Es nuestro lugar privado y nadie tiene idea cómo otras personas sienten el amor o el dolor, ambas sensaciones carecen de las palabras exactas que lo puedan explicar, aunque todos conocemos el dolor mental.

Por si fuera poco, dentro de la consciencia hay una parte incognoscible que es el inconsciente: no sabemos qué guarda y qué mantiene fuera de nuestra percepción, hace uso de mecanismos para resolver las emociones de una manera particular. Todo registro inconsciente es asimilado de forma genuina sin limitaciones ni calificativos, muchas cosas que no vemos pero ocurren, se captan inconscientemente y al parecer, guardamos

---

[20] Jung

en la mente más información de la que creemos tener y eso es lo que nos lleva a actuar o a tomar una decisión rápida. Son gestos, palabras, experiencias que pasan desapercibidas y se van directo a alojar en el inconsciente, para luego retornar cuando algo ocurre en nuestra vida. Esa desconfianza, ese sentimiento de abandono, ese trauma está enterrado, pero es como un volcán activo que de tanto en tanto estalla en flamas produciendo miedo.

Esta parte de la consciencia está impregnada por todas nuestras experiencias, recuerdos y deseos que salen codificados en nuestro lenguaje. Por ejemplo, cuando mi hijo murió pensé en mi madre y asocié el momento la muerte de mi hermano; de esta simple flama hay mucho por reflexionar y creo que es la razón por la cual escribí primero el libro sobre mis padres, pues necesitaba decirles lo que me quedó pendiente. Lo que nos queda por indagar son las expresiones del inconsciente codificado, entender el ideal de los padres que se transmitió y se quedó fijado en el "allá y entonces" mientras crecíamos y acumulábamos experiencias. La culpa es tan escandalosa que se siente de forma consciente e inconsciente. No hay escapatoria, de día nos lamentamos por lo que no fue y de noche soñamos lo que deseamos y pudo ser.

La mente formada por estos dos receptáculos de experiencias: conscientes e inconscientes, invita a una parte punitiva que castiga, prohíbe y controla nuestras acciones y a otra que nos hace sentir mal cuando nos desviamos del ideal. La tarea es balancear ambas para que nos dejen vivir en paz. En la consciencia guardamos los recuerdos, la memoria, lo que nos sirve para vivir y nos resta tranquilidad; el inconsciente es un laberinto que nos puede llevar por caminos difíciles de desentrañar como pueden ser nuestros impulsos y lo que es tolerado por el grupo donde vivimos. Es como un opresor con el que no se puede razonar pues es intransigente y cuando es muy fuerte su dominio, se transforma en culpa patológica; es decir, no paramos de lastimarnos por lo que ya pasó. Uno se cuestiona porqué la mente tiene instancias que nos hacen sufrir sin entender que el principal motivo es ayudarnos a convivir en grupo, porque en soledad no seríamos capaces de sobrevivir. La culpa podría ser una forma de altruismo social, pero en realidad ha hecho posible la evolución del hombre: a más gente, más reglas para convivir en armonía y civilidad. Lamentablemente, hay personas que nacen con más dificultades para comportarse como se espera y van tanteando el campo para poder expresarse. Si somos lastimados de pequeños, si tuvimos una experiencia traumática, si emigramos o perdemos a alguien especial, pondremos en nuestra personalidad más defensas para no dejarnos golpear. Pero las defensas también duelen y el costo puede ser muy alto. Si la desconfianza es una expresión defensiva nos volvemos un ovillo para protegernos de la intimidad con los demás y nos vamos quedando solos.

La culpa que va confirmando que no eres lo que quieres ser o que siendo quien eres no te puedes aceptar, puede llevar a la persona al suicidio, a la parálisis y a muchas conductas autoagresivas, pues es una forma de castigo que nos infringimos por lo que hicimos o por lo que somos. Hay personas que dejan de comer, otras que comen compulsivamente, otros se cortan, usan drogas; pero sea cual fuere, todas son conductas que por un momento los distraen del terrible y desgarrador dolor.

La culpa intensa no deja vivir, nos arruina la tranquilidad, nos persigue donde vamos y nos asalta con imágenes que presionan con exactitud el botón del dolor. Digamos que salirnos del ideal parental tiene un costo que no tendríamos que pagar, pero la necesidad de inclusión es más intensa que el deseo de ser auténtico si eso representa el rechazo de los demás. Si bien es cierto que uno de cada diez hombres es homosexual, se sigue considerando una desviación de la norma. Esto me lleva a pensar que la culpa proviene de una fuente innata que adquirimos por herencia y está en nuestro material genético pues ayuda a la preservación de la especie. El balance entre los impulsos y las prohibiciones tiene que ser justo para convivir en sociedad. La homosexualidad no debería verse como prohibición, pero nos damos cuenta que pasan años y a veces siglos para transformar esas ideas medievales de nuestros antecesores.

Dentro del inconsciente también está el ideal del Yo que me parece cumple una función muy importante porque nos permite evolucionar aunque la otra cara de esta moneda puede ser punitiva y difícil de tolerar. El Superyó es una instancia de la mente que de continuo observa, critica y nos compara con los demás. De esta función viene el deseo de superación que me parece es parte de la selección natural. Desarrollamos la inteligencia, actualizamos el conocimiento, nos mantenemos activos y ganamos herramientas para vivir mejor, pero también nos constriñe a no salirnos de las reglas de la comunidad. El ser humano ha creado todas las herramientas para evolucionar así es como, por ejemplo, la teoría de Darwin sigue dando conocimientos sobre nuestra especie.

Ese ideal está codificado en un curso de desarrollo muy claro; es decir, luchar por lo que queremos conseguir para estar mejor. Este ideal viene de generaciones y se ajusta a la cultura del momento. De manera que cuando no estamos contentos con nosotros mismos encontramos la satisfacción en el ideal. Cuántas veces se han sentado después de vivir un fracaso a pensar en su próximo proyecto y cómo les gustaría verse en algunos años más. En el ideal está la esperanza y la condena. Soñamos como queremos ser dentro de lo que se considera "normal". Este sueño se puede convertir en una pesadilla cuando tenemos un "opresor interno" que no cesa de criticarnos y compararnos con culpa e insistencia por lo que no podemos ser. Tenemos en la mente un tirano perseguidor que busca la perfección y requiere de toda nuestra ayuda para vivir con menos dolor.

Dentro del ideal también tenemos inscritas las identificaciones con los padres, sus deseos y expectativas. Como podrán comprender, en todos existe una parte de la mente que heredamos de nuestros antepasados y que nos dice cómo tenemos que ser, cómo debemos resolver los problemas y cuáles son las reglas para vivir en sociedad. Es como si tuviéramos unos maestros en la mente que nos recuerdan y exigen cumplir con las normas parentales del ideal interno con todas las aspiraciones valiosas. El problema surge en la adolescencia, cuando empezamos a saber lo que queremos y no siempre coincide con lo soñado o lo que el grupo tramó inconscientemente para nosotros.

Por ejemplo, en algunos tiempos y en algunas sociedades, casarse es uno de los pasos de desarrollo que se anhela desde que somos pequeños. Nacemos en una familia y por identificación queremos formar la nuestra. Es apenas en el siglo XXI cuando algunas personas se sienten con el derecho de pensar en otras formas de ser que se alejan del ideal parental. Al parecer los divorcios, la infidelidad, la violencia intrafamiliar, le han demostrado a muchas personas que hay otras formas de vivir menos tradicionales. Lo cierto es que el hombre necesita una pareja y un grupo para vivir mejor, pero en ningún lugar está escrita su orientación sexual.

Esto se complica aún más pues a los padres se les ama y no se les quiere perder, por eso tratamos de obedecer al ideal y cuando no podemos, nos culpamos, nos maltratamos y pensamos que somos unos fracasados que no pudimos cumplir el mandato y así esta capacidad de autoobservación se transforma en el "opresor". Se teme que los padres se enojen con nosotros y nos despojen de su amor porque no pudimos ser lo que son o lo que quieren que seamos. Y por otro lado, queremos ser lo que nuestros deseos nos dictan. Los deseos internos a veces chocan con los deseos de los demás

Tristemente en esta cultura el modelo ideal es la heterosexualidad, al menos en los hijos que provienen de una pareja heterosexual. Esto lleva a quienes van descubriendo mientras crecen una preferencia diferente de objetos de amor, se sientan culpables por seguir un camino distinto al de sus padres. Es ancestral creer que la heterosexualidad es lo natural y que ser homosexual causa discriminación, como todo lo que es diferente a la mayoría. El niño o niña que va creciendo con deseos distintos a los de su grupo atraviesa dolores muy grandes, pues teme ser expulsado del grupo y castigado por sus deseos. Empiezan a detectar sus diferencias, se comparan con otros y se tardan en salir del clóset por el qué dirán. Me parece que los que salen del clóset en la adolescencia sufren menos que los que salen cuando son adultos; sufren más los que viven una vida secreta y doble, pues el dolor es proporcional a las críticas del opresor interno que dicta lo que tenemos que ser.

Conozco adultos que pudieron aceptar su homosexualidad hasta después de tener hijos y haber cumplido con el mandato social de procreación, de familia y de sociedad; otros que nunca pudieron admitirlo abiertamente y siguen luchando sintiéndose miserables de vivir empujados (por sí mismos) a cumplir el ideal. Mi hijo salió del clóset a los veintiséis años, un poco tarde según mi forma de pensar, pero me queda claro que vivía confundido y perseguido por salirse del guion y retrasó su salida hasta que aceptó su homosexualidad. Me parece que algunos que salen del clóset pasan por una etapa en la que niegan su deseo y tratan de amar al sexo contrario. Su opresor les dice que tienen que cambiar, que tienen que revertir su condición diferente, que deben ser como los demás. Por si fuera poco, surge del exterior una gran discriminación y rechazo que temen sufrir de quien más les importa. Crecen siendo "buleados", marcados o rechazados dependiendo de la comunidad de pertenencia. No les queda otra más que dejar salir su deseo, experimentar y decidir el momento en que develarán su diferencia a los demás. Mi hijo salió con mucho dolor, con autorreproches y miedo a las represalias de sus objetos de amor. La homosexualidad no solo es una identidad personal sino la pertenencia a un grupo social. Se ha debatido si es una enfermedad genética o adquirida cuando en realidad esta pregunta importa muy poco y es infructuosa su definición. Las personas tienen el derecho a que le guste cualquier objeto de amor y por sus diferencias han sido tratados injustamente. Quede claro la homosexualidad no es una elección.

Quienes se oponen al matrimonio entre las personas del mismo sexo, aproximadamente el 50 por ciento de la población de Estados Unidos, sufren objeciones morales y no pueden aprobar ese tipo de relaciones porque fundamentalmente las ven equivocadas, malas, dañinas, etcétera. Hablo del matrimonio porque ahí se concreta la aprobación de las relaciones homosexuales. La moralidad es un asunto social y tiene que ver con la convivencia. Está formada de ideales para nosotros mismos y los demás. Se relaciona con el tipo de sociedad a la que queremos pertenecer, que podemos tolerar y lo que queremos prohibir. La sociedad crea leyes para aprobar el matrimonio gay y su voto depende de los fundamentos morales y de la idea de libertad y justicia para todos. Pero, incluso ahora en el siglo XXI, salir del clóset sigue siendo una novedad.

La hipocresía de un grupo social que le concede valor moral a otro grupo social, no se sostiene bajo ningún argumento racional. Es como decir, que un humano le tiene que conceder a otro el derecho de ser, siempre y cuando sea igual a mí, a mi imagen y semejanza, entendido con los ojos de la inquisición. Lo que realmente compartimos es nuestra condición de humanos, los grupos se formaron por el aumento poblacional, se dividieron por colores y por religión simplemente para sobrevivir en comunidad. A mayor sobrepoblación más grupos sociales hasta llegar al punto de agrupar a las personas por su orientación sexual. La guerra es parte de nuestra naturaleza y de la selección natural, ellas nos convocan a competir con los demás para sobrevivir. Cada persona es distinta e igual, lo determinan factores biológicos y todo dentro de un sentido evolutivo que hemos transformado en un asunto meramente ambiental. Me parece absurdo pensar que un par le puede otorgar a otro el derecho de ser lo que es. Lo que nos une es el deseo de vivir mejor.

Vivir mejor no está afuera de nosotros, no ocurre gracias a la religión o a la orientación sexual, está en la aceptación de uno mismo y en la comprensión profunda al entender que hemos nacido con el impulso a sobrevivir, al igual que todas las especies que comparten nuestro mundo. Ya no nos tocó vivir ese día donde la orientación sexual solo es un descubrimiento personal y no un estigma social. Esta perspectiva carece de humildad y moralidad pues implica que hay hombres superiores a otros por su manera de vivir. Es algo así como entrar a cualquier hogar y calificar lo que hacen bien o mal.

Solamente los homosexuales pueden opinar con autoridad sobre la homosexualidad, pues después de todo son ellos los que la conocen en primer lugar. Sin embargo, las personas que no son homosexuales se atreven a pensar que ellos tienen la autoridad para otorgarle sus derechos, cuando en realidad todas las personas deben tener los mismos derechos. Excepto los sociópatas, que tratan de pasar desapercibidos, aunque biológicamente son distintos a los demás. Se ha comprobado en estudios de imagenología que las personas con conductas psicopáticas tienen mayor materia gris alrededor del sistema límbico.

Lo llamativo es que un grupo de personas son las encargadas de aprobar, o no, la conducta y el estilo de vida de los demás. La homosexualidad no solamente implica la práctica sexual, también supone una forma de vivir, de pensar, de hacer a través de un lente que puede ser fascinante comprender. Cuando se habla de la orientación homosexual, el énfasis está puesto exclusivamente en el cuerpo, pero en realidad lo más importante es el estilo de la relación interpersonal. Así, tanto la homosexualidad como la heterosexualidad, incluyen un rango de sentimientos, de tendencias y actividades particulares. Sólo la minoría puede entender que las relaciones entre personas del mismo sexo pueden hacer felices a algunos y… ¿quiénes somos los otros para quitarles su derecho a la felicidad?

Te dije que nadie necesitaba tus explicaciones, que me parecía absurdo anunciar tu homosexualidad o la de cualquiera ya que es algo que todos tenemos el libre derecho de ejercer. Me parecía que lo mejor era darle más naturalidad ya que después de todo a la única persona que le importa el objeto elegido para amar es a cada quien. Así como uno no anda por la vida saludando de mano y aclarando su heterosexualidad, no le veía el caso que les dijeras a tus amigos nada al respecto, aunque entiendo que es tan escandaloso para la comunidad que se requiere aclarar. La vida sexual es privada, pero no por eso la mantenemos oculta. Privado y oculto son dos cosas muy diferentes. Tienes el derecho de mostrarte acompañado por quien tú quieras, porque te hace feliz y eso no es asunto de nadie más.

Entiendo que las personas necesiten dar explicaciones, que más bien es como una justificación, porque la culpa radica en sentir que han engañado al otro al haberse mostrado como heterosexual. De cierta forma es así, pero para ellos y nadie más; es claro que mientras más tarda la persona en salir del clóset tiende a comunicarse evasivamente confundiendo a los demás. Te pasó a ti, me di cuenta inmediatamente y te pregunté que te alejaba de mí. Nadie sale del clóset de un día para otro, nada aparece de la nada, creo que por eso puede ser desconcertante. Lo único que te puedo decir, como te lo dije siempre, es que te amo de todas las formas que quieras ser, ni una parte de ti me gusta más que la otra, me gusta todo lo que eres tú.

La homosexualidad no es un error, es una preferencia. Me acuso de pensar que las personas debemos experimentar para saber lo que nos gusta y lo que no. Por eso no tendría que surgir la necesidad de salir del clóset ante nadie. Así, en la adolescencia debería de ser parte del desarrollo aparecer un día con una mujer y otro con un hombre; sobre todo cuando el deseo no se presenta con claridad. Me hubiera gustado ser mejor para ti y haber descubierto tu preferencia sexual con las pistas que me diste al final de tu estancia en Austin. Por otro lado, ojalá hubiera sido más fácil para ti salir del clóset, pero entiendo que en una comunidad conservadora es reto fuerte. Es como el que huye de las consecuencias por miedo. El miedo es algo que teníamos en común, ambos lo cargábamos con dolor sin poder compartirlo pues es tan propio, tan personal, tan arraigado que no *puede expresarse de manera clara y bien estructurada. No alcanzó mi amor por ti para aliviarte y decirte que ante mis ojos eres hermoso y quien llegara a amarte sería una persona afortunada. Provenir de un grupo social anticuado fue una condena para los dos.*

Las creencias morales provienen de los padres, los vecinos, la educación religiosa o los maestros y se deben de tomar como lo que son: ideas que se suponen ciertas aunque muchas de ellas se basan en la fe más que en las evidencias. La biblia no dice que toda conducta homosexual está equivocada, ilustra que hay ciertos tipos de conducta homosexual que son incorrectas como la que intenta explotar al otro o cuando una de las personas es menor de edad. Algunos piensan que si está escrito en la biblia igualmente estar equivocado pues resulta inexplicable la importancia que se le da a este mandato comparado con el precepto "ama a tu prójimo como a ti mismo". Es una contradicción social y un mandato que no se ha podido cumplir. Así es, la gente está más preocupada porque todos seamos iguales en lugar de entender que hay otras formas muy válidas de ser.

La gran tragedia es que la mayoría de los adolescentes o adultos jóvenes que fueron rechazados por sus padres tienen ocho veces más intentos de suicidio que quienes no fueron rechazados. Esto se une a la cultura occidental donde es absolutamente legal correr a un trabajador o limitar su desarrollo profesional por ser homosexual. El estigma y la discriminación son los principales factores de riesgo de suicidio. Aunado a la discriminación, están los asuntos sociales emocionales que impactan la identidad. Mientras los pares están experimentando el mundo de las citas, el adolescente homosexual sufre en soledad su vergüenza y su miedo al sentirse diferente. Además, en la adolescencia el homosexual tiende a sentirse inseguro de su identidad, es muy sensible a la aprobación de los otros y cualquier fracaso al tratar de integrarse al grupo le generará algún tipo de estigma. Esto también tiene un origen neurobiológico ya que las hormonas sexuales que despide nuestro cuerpo antes de nacer influyen en la conducta específica de género, independientemente de nuestro sexo cromosómico y anatómico. La identidad y orientación sexual están programadas en las estructuras del cerebro desde que nacemos. Así como la diferenciación de los genitales ocurre en los primeros dos meses de embarazo y la diferenciación sexual ocurre en los siguientes tres meses[21], los procesos son independientes y es posible que de ahí surja la transexualidad. Ahora bien, puede ser que en algún paso de estos procesos, algo se altere o cambie provocando que muchos adolescentes confundidos mantengan relaciones con hombres o mujeres indistintamente. Parece que hay algo biológico bimodal en el género, esto es importante para la evolución de las especies. Los hombres y las mujeres estamos diseñados de distinta forma y tiene relación con las hormonas. La testosterona que circula en el cuerpo de los hombres provoca el desarrollo de las características masculinas y en las mujeres sucede lo mismo con el estrógeno y la progesterona. Todos tenemos claro que la conducta masculina y femenina son diferentes y la mejor evidencia de ello la han dado los estudios que se han hecho con las personas transgénero. Esto se ha demostrado al aplicar tratamiento hormonal a quienes dicen sentirse atrapados en un cuerpo distinto al de su concepción y se ha visto que los niveles de testosterona llevan a la persona a tener mayores características masculinas. La identidad de género ocurre durante los primeros tres años de vida y no está basada en el sexo anatómico. No hay ninguna prueba hasta ahora que nos muestre que el ambiente social después del nacimiento tenga un efecto en la identidad de género o en la orientación sexual. Como dije líneas arriba son dos procesos distintos que ocurren en momentos diferentes del desarrollo embrional y tal vez ahí se encuentre la clave de la sexualidad. Hay

---

[21] Dick Swab y Alicia García del Instituto de Neurociencias de Amsterdam.

suficiente investigación para pensar que existen características específicas que están controladas por las hormonas.[22]

Mientras se logran aclarar estas incógnitas los homosexuales tienen que soportar todos los chistes homofóbicos de su grupo. Es cierto que cuando crecen piensan que estos chistes no eran la gran cosa, pero al homosexual le deja una cicatriz de por vida. Muchos de los chicos adolescentes que salen del clóset son rechazados por sus padres y el efecto psicológico de estas experiencias formativas no desaparecen simplemente por irse a vivir a un país más abierto a este grupo de personas.

> *En este punto de nuestra historia lamento no haberle dado la suficiente importancia a las consecuencias que tuvo para ti salir del clóset. Aquí es cuando siento la culpa que me corroe por no haberte entendido a tiempo. Pero bajo otra óptica me concilia con la vida saber que así como crecieron ustedes, crecimos nosotros. Mi adolescencia no fue mejor, también dejó cicatrices, inseguridades, remordimientos. Mientras más lo pienso concluyo que no hay excusa para no darle el peso y la seriedad que requieren las experiencias que nos toca vivir cuando transitamos por la adolescencia. En las comunidades tradicionales se da por sentado que si eres hombre te tienen que gustar las niñas, considero que es un concepto que debe modificarse según vamos evolucionando.*

También tomamos en cuenta lo injusto de criticar a las parejas homosexuales sabiendo la dificultad que en general todas las parejas tienen para mantenerse unidas de por vida. Además, tienen que hacerlo sin los recursos sociales o los incentivos legales con que cuentan las parejas heterosexuales.

Esta pena puede seguir caminos que tienen como objetivo acallar el dolor mental que provoca la culpa, el miedo o la desesperación. Son más

---

22 Erick Kandell

homosexuales que heterosexuales los que terminan suicidándose, pues aunado a la agresión, la sociedad los empuja al extremo de no querer vivir, sienten la soledad y aún más el rechazo. El que se suicida no puede callar la voz de su opresor, ese que le repite insistentemente que no es lo que debió ser. El tormento se va acumulando hasta concluir que lo podrá parar si adelanta el momento de morir. Por si fuera poco la homosexualidad viene acompañada de angustia y riesgos de contraer una enfermedad de transmisión sexual. La dicotomía de lo peligroso que puede ser vivir siendo feliz.

Además, todos los seres humanos nacemos con nuestra cuota de masoquismo; es decir, una parte de la mente siente placer ante el dolor físico, al sometimiento y la humillación. Considero que las personas que se cortan, se queman o se lastiman sienten un doloroso placer que distrae su dolor mental. Es el masoquismo que nos lleva a prolongar relaciones abusivas, quedarnos en el lugar de culpables y castigarnos infringiéndonos otra clase de dolores. Todos nacemos con una cantidad de odio o sadismo que encuentra placer en lastimar a los demás. Como en todos los atributos de la mente hay grados de sadismo y masoquismo donde algunos pueden terminar con la muerte ya sea en homicidio o suicidio. A nuestro favor tenemos nuestras capacidades innatas y las que desarrollamos con el tiempo. Estamos obligados a nacer con mucha fuerza para resistir la vida y tolerar las injusticias que nos toca sufrir sumado a nuestra inclinación natural de ser propensos a la culpa, la tristeza, el miedo y el desamparo. Este es nuestro opresor interno que nos repite que lo mejor es morirse pues nos encomienda a nuestra condición moral que sostiene que las personas somos inmaduras y dependientes de nuestros objetos de amor. La fuente de la moralidad se sustenta en que el sujeto nace indefenso y se somete al ideal del otro porque no puede satisfacerse a sí mismo; hay demandas que no pueden ser cubiertas y otras, que nos niegan, nos prohíben y se constituyen como malas. Lo que deseamos se rige a un reglamento regulado por las prohibiciones de otros. Es increíble como se somete el hombre para saldar sus necesidades. Por ejemplo, el bebé requiere de su madre para que lo satisfaga, se resigna a la manera en que ella lo hace; es decir, a sus valores, a su pasado y a lo que aprendió. Así una madre puede pensar que el niño tiene que dormir toda la noche y lo deja llorar hasta que concilia el sueño logrando someterlo a sus necesidades.

Los padres son los educadores, los que nos transmiten sus valores, sus creencias morales y sus criterios culturales. Por ejemplo, si una mamá piensa como consecuencia de su angustia que el bebé necesita comer cada cuatro horas, el bebé tendrá que alinearse a esos deseos para alcanzar su satisfacción. Digamos que todo lo que se vive como transgresión provoca culpa o angustia. Otro ejemplo: el homosexual que está inserto dentro una cultura que condena la homosexualidad, se sentirá culpable y temerá alcanzar el amor del otro por haber trasgredido una de las leyes socioculturales de su medio. Los padres aspiramos transmitirles a los hijos que la elección de pareja es libre, pero la dificultad radica cuando nacen en un grupo que condena la homosexualidad porque así lo dice la Biblia. Al respecto las sagradas escrituras no dictaminan, de ninguna forma, que la homosexualidad está prohibida por Dios; quien lo ha interpretado así, tiene más que ver con sus prejuicios que con lo que dice la biblia.

La homosexualidad ha sido percibida de distintas formas según la época. La prohibición que se castiga comenzó en la Edad Media y ahora estamos viviendo bajo la sombra de esa obscuridad. Los psiquiatras la tiñeron de enfermedad mental en un intento de erradicarla. Entonces recurrieron al miedo de contraer la enfermedad y juzgaron duramente a quienes seguían un deseo infantil, pues es alrededor de los tres años que se logra la identidad sexual. La homosexualidad es un deseo infantil que al igual que todos busca gratificación, como está al servicio del otro entra la moralidad y la aceptación sociocultural. Ocurre tan temprano en la vida que las prohibiciones son inconscientes y una vez fueron parte de su grupo ancestral.

Entonces, la homosexualidad es una elección que no satisface el ideal social de pareja o familia, porque forma parte de una de las prohibiciones socioculturales que genera el sentimiento de culpa a quienes la deciden. Sin embargo, es un tipo de relación que no daña a nadie y que hace felices a quienes la practican. Si bien es cierto no cumple con el objetivo de la procreación, no tiene que significar que un tipo de gratificación sexual sea mejor que otro. La homosexualidad no es una elección porque si así fuera podría cambiarse de decisión. Nadie elige por capricho lo que siente atractivo o erótico, cada quien descubre sus propios deseos y no los inventa. Como todas las personas, los homosexuales eligen su objeto de amor no por retar a la sociedad pues destaparlo en su grupo social supone una gran pelea interna; de ahí que toma tiempo para que acepten sentir atracción por el mismo sexo. Muchas personas como mi hijo se pasan años peleando con su deseo, escondiéndolo y pensando que su vida sería más fácil si siguieran lo que la sociedad marca como normal o natural.

Salir del clóset no es un evento, es un proceso que empieza mucho antes de proclamarse. Cada vez que a un homosexual le preguntan si está casado o tiene hijos, tiene que salir del clóset y seguro no es fácil. Tenemos que entender que las preferencias no son voluntarias. Como por poner un simple ejemplo: prefiero el café con endulcorante y puedo forzarme a tomarlo sin él, pero eso no significa que me gusta. Son muchos los que durante su proceso de salir del clóset prueban la heterosexualidad, se fuerzan en algunos casos a ejercerla con placer pero les va mal porque no les gusta. Los homosexuales merecen el mismo respeto que cualquiera de elegir lo que les provoca placer. No es culpa de nadie ser homosexual, es una característica de personalidad que aparece durante los tres primeros años de vida y que no se quita a voluntad porque no se adquiere a voluntad. La homosexualidad es una solución al derecho que tiene el hombre de elegir la actividad sexual que encuentre satisfactoria, pero por la presión social y moral, hay quienes deciden no ejercer su homosexualidad o la niegan como una salida equivocada.

Así te pasó a ti y por eso dejaste de ir a las fiestas familiares ya que lo único que te preguntaban era si ya habías conseguido novia. Imagino lo desgastante de tener que dar explicaciones al grupo que amas y además ponerte en riesgo de ser aceptado. Mis padres, al igual que todas las personas, tenían puntos ciegos en su moral y el racismo era parte de ello. Así crecí, así cambié y eso fue lo que te transmití inconscientemente. Por ello me siento en parte responsable de tu sufrimiento.

La culpa, enfermedad autoinmune

La culpa nace de la responsabilidad que sentimos hacia los seres que amamos. Para aliviarla tenemos que seguir un proceso que nos permita ver nuestros errores y aprender de ellos, en lugar de instalarnos y encapsularnos en el pasado que no se puede cambiar. Esta emoción permite aumentar la consciencia que tenemos de nosotros mismos aunque es un proceso muy doloroso y fastidioso porque no sigue una línea simple y recta que nos lleve a sentir completamente libre de ella.

Recuerdo haber pensado que mi hijo con su suicidio me había transmitido muy claramente el amor que nos tenía y su pena por causarnos un dolor así. En mi proceso de duelo pude comprender mejor su estado mental antes de morir. Me arrepiento, me culpo, me avergüenzo de lo que pasó; mientras he pensado así me he sentido más cerca de él y lo he perdonado por haber tomado esa salida a su dolor. Con mi culpa de madre entendí la culpa de mi hijo y la cicatriz que dejó en él su homosexualidad, entiendo que la sensación de rechazo que sintió en mi cerrada comunidad le dejó secuelas en su forma de relacionarse con los otros. Desconfiaba, como desconfió antes de salir del clóset, del amor de los demás y también dudaba de nuestra incondicionalidad. Mi hijo fue un niño rechazado en la secundaria porque tenía miedo de pelearse con sus compañeros, quienes resolvían a golpes sus diferencias debido al elevado contenido de testosterona. Mi solución fue inscribirlo en clases de karate y enseñarle a pelear. Resultó disciplinado y muy pronto demostró que nadie más iba a burlarse de él. En la preparatoria su inteligencia brilló y eso le dio un lugar importante en su grupo social. Trabajaba dando clases a sus compañeros antes de los exámenes y empezó a tener muchos amigos. Era querido, admirado, respetado por sus pares. Parecía que todo iba bien, que al fin había logrado tener su lugar en un grupo de ocho hombres, todos heterosexuales y sin dudas existenciales. Ahora me puedo imaginar como esto lo impactó en su desarrollo, mi intuición me decía que se trataba de un hombre especial y por ello le posibilité las oportunidades para que conquistara el mundo con su mente brillante.

Su mayor problema eran las relaciones íntimas y no conseguía la estabilidad que deseaba. Esto no me pareció importante pues soy de la idea de que tarde o temprano encontramos a quien amar. En realidad, nunca sospeché que intentó mantener una relación con alguien por deber, por la convención, por seguir las reglas morales que aprendió en la escuela donde ser homosexual no era una posibilidad. Algunos de los que estudiaron en ese mismo lugar pudieron salir del clóset mucho más tarde, pero al parecer no a todos les afectó igual. Sé también de muchos que han decidido no liberarse y simplemente resuelven su situación sin salir con mujeres. Me parece que necesitamos enseñarle a la sociedad a hacer menos preguntas sobre la vida privada de los demás. En la cultura latinoamericana sucede con más frecuencia que en la norteamericana; en realidad hay momentos en que parece un regreso a la inquisición.

Si no vemos a un joven con novia es una señal que debemos respetar como si eligiera el pastel de chocolate en lugar de vainilla. Pero en la comunidad donde creció mi hijo la vida sexual es un asunto público y tema abierto de cualquier conversación. Fui parte de ese grupo social y su muerte cambió profundamente mi forma de relacionarme con los demás. Las preguntas estorban y no abren un espacio para fluir como personas con nuestras diferencias y sin tener que asumir alguna preferencia sexual.

Recuerdo las horas que dediqué a pensar si la muerte de mi hijo era una oportunidad para aprender de mí y cómo relacionarme con los demás. No lo sé, pero confieso que ha sido un sismo en mi interior. La primera oportunidad de aprendizaje ocurrió en la familia porque se fortaleció el vínculo y la forma de relacionarnos se hizo más profunda. Ahora compartimos la aversión por mantener relaciones inocuas. Todas tienen el motivo del amor como sustento y amalgama. El qué dirán me dejó de importar por completo, las preguntas ya no las contesto y trato de respetar a todos los seres humanos por igual, independientemente de cómo piensan y son. Uno se vuelve más cuidadoso cuando sabe el impacto emocional que nuestros comentarios provocan en los demás. El otro es un mundo desconocido y no puedo pretender conocer lo más íntimo de su ser. Todos guardamos secretos que queremos defender.

Fui subsanando el dolor a medida que amaba más a los cercanos a mí, abrazarlos es un calmante natural que ayuda cuando la impotencia se apodera y nos hace sentir poco valiosos por no haber podido evitar lo inevitable. Entender nuestras limitaciones genera humildad. Mucho tiempo presumí de este niño sabio que me tocó criar, me daba muchas alegrías y oportunidades para sentirme orgullosa de él, fue generoso y sobre todo, agradecido conmigo por lo que sí le di, pero lo que realmente me tortura es lo que no le pude dar.

Me parece que la culpa es el mayor obstáculo para disfrutar lo que queda después de la tragedia. Como dije en el primer capítulo tomé la decisión de vivir y no de medio vivir. Pero también decidí relacionarme con los demás por gusto y no por deber, no por el miedo a ser abandonada sin más. Me he dado cuenta que los que están, seguirán estando conmigo a pesar de mi forma retraída de ser. A partir del día que voló comparto menos de mí a los demás. Ya no es necesario. Lo importante es lo que transmitimos en la forma de relacionarnos con amor.

Fisonomía de la culpa, una construcción

La culpa se siente primero como incomodidad, es el freno de mano que te obliga a reflexionar en lugar de actuar. Cuando la mamá se siente poco competente, la culpa le sirve para reflexionar y resolver los comportamientos del bebé que motivaron su malestar y en algunos casos, le es útil para clarificar el ideal que le transmitió su madre, sobre su rol. Los deseos de la madre y del bebé generan polémica cuando este nace; ella quiere dormir, bañarse, comer, estar sola y él, quiere estar pegado a su pecho resguardado de cualquier dolor. Esto se replica en todo tipo de relaciones, se juntan los deseos de cada uno de los miembros de cualquier tipo o forma de pareja: padre-hijo; amante-amado; hermano-hermana. La culpa surge de la relación fáctica e interna con alguien más.

La culpa se relaciona con otros sentimientos que surgen como consecuencia. La frustración provoca enojo y puede convertir en rabia que se proyecta culpando a quien provocó la frustración. La madre, que lo hizo por su bien, no se siente culpable pero el juego de la culpa está echado a andar, porque al final la pregunta es ¿cuál es realmente su bien? El enojo del niño causa descontento en la madre que lo culpa por su demanda. La persona se siente culpable por lo que no tiene y lo que no es. Es un sentimiento popular que a veces pasa como el viento y otras se vuelve tormenta interna. No quiero decir que todo cause culpa, pero me parece que es de las emociones más fértiles donde podemos sembrar nuestras debilidades o nuestros aciertos, las dudas sobre lo que es bueno o malo y también nuestra moral. Tiene un gran lugar en nuestra sociedad y aparece a partir de los tres años cuando empezamos a sentirnos culpables porque lastimamos a alguien más.

Los padres se embarazan con su deseo y su ideal, ese que heredaron ellos al nacer, ese que imprimieron sus padres muy a su pesar, inconscientemente, de generación en generación. El ideal aumenta con la edad, de pequeños nuestros deseos son acordes a los de nuestros padres ya que es el ideal. La culpa innata nos habla de los peligros que hay en la libertad. Comienzan los autorreclamos por no ser más guapos, más inteligentes, menos demandantes, más cariñosos, menos sensibles o más parecidos a uno. Mientras tanto, los padres lidian con su equipaje de culpa y su propio ideal: ser buenos padres, tener hijos perfectos, independientes, agradecidos, que me cuiden de viejo o trabajen conmigo, etcétera. En la actualidad se quieren hijos y parejas a la carta. Al nacer se juntan los ideales y la culpa ancestral con el ideal de los padres y sus propias culpas. Como si en los genes estuviera escrito el cambio evolutivo que le toca a la nueva generación. Hay quienes se pasan la vida desafiando, peleando y aferrándose a "educar mejor" que la generación anterior; otros, siguen el camino aprendido satisfechos de los padres que les tocó. No podemos separarnos de lo innato, lo que podemos hacer es transformar nuestra concepción de ello en pensamientos que nos permitan una vida mejor, aunque es claro que el camino que sigamos no será perfecto, porque la perfección no existe.

El desafío de los ideales de los padres y los hijos comienza al nacer, es el sustrato común del ser humano, vivir para conseguir lo que creemos que deseamos. El camino de los ideales es como una gran matriz que se teje de los deseos de nuestros padres, abuelos y la sociedad completa, todo unido y mezclado para dictarnos lo que está bien y lo que está mal. Experiencia que forma nuestros ideales.

La culpa es innata, es una transmisión entre inconscientes sobre la cultura, sus reglas y prohibiciones; cargamos las culpas de las generaciones anteriores y con el estilo de manejarlo que percibimos al crecer. En los padres están sus deseos que aparecen truncados con el nacimiento de un hijo, se le recibe con ambivalencia, con culpa, con miedo, con ansiedad. El bebé respira este ambiente, responde en relación a ello y lo comunica con llanto.

El dolor mental es privado. Está encapsulado en el interior y no puede salir de ahí. Lo encapsulamos porque nuestras teorías sobre el evento que nos generó culpa son tan ilógicas que carecen de sentido cuando las aterrizamos en palabras para decírselas a un amigo. En un punto me di cuenta que no entendí lo que sentías, el dolor que padeciste antes de salir del clóset, tu ensimismamiento y tus dificultades de contarme lo que estabas sintiendo.

Ahora que no estás me veo en tu espejo con la misma culpa que no sé cómo verbalizar para poderla aliviar. Me imagino que salir del clóset representa un gran dolor porque, antes te sentías raro y ahora sabes porqué, pero sientes el mismo rechazo que viviste en alguna ocasión y no te permitió salir del clóset antes. En la medida que fui desenredando, paso a paso, la liga con mi culpa, mi vergüenza, mi pena, mi arrepentimiento, fui siendo más empática contigo, más compasiva y más suave conmigo. Me di cuenta de mi propio opresor interno, del tuyo y el de todos los humanos que cargamos con reglas impuestas por generaciones que no aplican en nuestra época.

Nacemos con los principios lingüísticos de la gramática universal[23] como parte de nuestra herencia evolutiva, así como con la habilidad para actuar moralmente obedeciendo las reglas de convivencia: no mentir, no engañar, respetar a los demás, ser amable y sentir placer. Se vuelve complejo este tema cuando pensamos que la moral y la verdad tiene relación con nuestras creencias y nos sometemos a las prohibiciones que indican

---

[23] Chomsky

las sagradas escrituras aunque el tiempo ha demostrado que algunas están equivocadas.

Digamos que las personas nacemos con reglas básicas para convivir en grupo y cada quien tiene que encontrar su manera de violar esas reglas que han cambiado con la evolución de la especie. Una teoría social podría ser que la homosexualidad nace como una manera de detener la sobrepoblación y como una conducta que nos ofrece beneficios a la sociedad en general. Entonces podríamos admirarlos como a los científicos que se dedican a estudiar problemas que sirven a la humanidad para perpetuar la vida. No sabemos porqué son muchas las incógnitas sobre la evolución, la genética y la adaptación. Las religiones son el ejemplo perfecto para mostrarnos a lo largo de la historia como han cambiado las versiones de la "La Verdad", misma que van acomodando porque se han dado cuenta que están equivocados. Sirva de ejemplo la reciente suspensión del limbo o la forma en que han interpretado el Antiguo y el Nuevo Testamento. Tal vez algún día nos den la sorpresa que condenar la homosexualidad ha sido un error.

Nuestros genes nos predisponen a actuar de cierta manera dependiendo de la circunstancia y lugar donde vivamos. En cada cultura las emociones y las conductas están en el material genético y sirven para sobrevivir a las circunstancias ambientales. Asimismo, hay principios morales profundos, inconscientes, que guían nuestras acciones; es una función intuitiva que nos permite actuar de forma espontánea frente a una situación que pueda tener serias consecuencias. Esto se ve claramente en los animales: las gaviotas tienen un punto rojo en sus picos que sus crías pican al nacer y es una señal que activa una serie de acciones en la gaviota adulta que les da de comer. Esta conducta nadie se las enseñó, es innata y les sirve para sobrevivir. Así, nosotros creemos que de cierta manera nuestras madres nos querrán más si seguimos su ideal.

No sabemos en qué parte de la cadena evolutiva del ser humano se integró la culpa al comportamiento, pero parece que es ancestral y sirve para adaptarnos al grupo. Esconderse de algo, ocultarse tiene un origen de sobrevivencia y en los seres humanos produce mucha culpa. De manera que los estándares morales son una función para que el ser humano alcance bienestar, sin dañar la seguridad de los demás. En la antigüedad se pensaba que los padres hacíamos a los hijos homosexuales, ahora se piensa que es una combinación de predisposición genética y ambiental. También en ciertos grupos sociales se piensa que el suicidio de un hijo es culpa de los padres, aunque a partir del aumento incontrolable del suicidio lo han catalogado de multifactorial.

Me parece que la culpa es otra de las adquisiciones evolutivas que han hecho posible conservar las normas morales y los principios de la cultura; es la melodía de fondo de nuestras acciones. Los que se rigen por la Biblia Judeo Cristiana sienten la culpa y la combaten con penitencia; los que siguen las creencias Budistas no se preguntan sobre ella pues para esta filosofía los hijos son de ellos mismos, se les deja ser lo que quieran ser, se acepta todo por igual: la culpa no existe, sino la intención.

Nacemos con una culpa básica que nos ayuda a relacionarnos mejor con los demás y es necesaria para sobrevivir, pienso que te sirve para entrar en sociedad porque el ser humano es un ser social. Esto es un principio moral ya que para vivir en grupo necesitamos comunicarnos y relacionarnos con el resto. Cuando uno vive en grupo, por ejemplo, dentro de una familia, el respeto es esencial. Somos seres morales con culpa por haber sido expulsados del paraíso; es decir, las pérdidas nos provocan culpa, la primigenia es la que nos hace sentir desvalidos. Es un sentimiento que no se desvanece nunca, hay momentos en que nos sentimos frágiles y también hay sujetos más frágiles que otros. Es decir, existen personas más proclives a sentir culpa. Las pérdidas van de lo insignificante que se puede reparar hasta la desgracia de la muerte que es imposible de subsanar.

La culpa viene en grados, formas y expresiones distintas, esto tiene que ver con la persona, su crianza y lo heredado. Me parece que viene de esa fuente inconsciente, tiene relación con la evolución del ser humano y al presentarse se conjunta con nuestras acciones y nos hace dudar de ellas. Las personas culposas se persiguen, se obsesionan y pasan por un escrutinio de sus acciones sintiéndose mal. Si la culpa es muy intensa puede inmovilizar a quien la está sintiendo. Se ve con claridad cuando alguien ha perdido un hijo o una pareja y prácticamente deja de vivir hasta que su masoquismo le da un respiro y logra eliminar los autorreproches.

Veo la culpa como un mantel que se teje en forma de red, que es fuerte para recibir al recién nacido y lo ayuda a integrarse en el grupo social. A esta red las experiencias personales y nuestros principios le van dando forma para vivir con bienestar. A menor culpa, más bienestar. La culpa enseña y el camino a seguir es una oportunidad para reparar. Hay perdidas irreparables y otras no. No es lo mismo perder un hijo que perder tu lugar en una empresa. No podemos revivir a un muerto pero sí podemos aceptar la forma que eligió de vivir.

Hay una culpa incipiente que es insistente, pero pasa rápidamente como cuando comemos un postre, rompemos la dieta o se nos olvida una cita. Para cada persona el ejemplo es distinto, para alguien con trastornos alimenticios el comerse dos cucharadas de pastel se convierte en pensamientos obsesivos que atacan su mente de tal forma que no paran hasta que vomitan, se culpan insistentemente y conozco a quienes hacen promesas a Dios o por los hijos creyendo que así el castigo no va a llegar.

La culpa es un sentimiento que se complejiza proporcionalmente al evento que la ocasiona: si se pierde el camión escolar las consecuencias son obvias y ahí mismo se encuentra el castigo: no presentar el examen de biología. Quien admite las consecuencias busca una manera de solucionar su problema; así la culpa se desvanece mientras la persona está activa reparando lo que provocó.

Hay un tipo de culpa intermedia que se siente cuando lastimamos a otra persona, sin intención, por distracción o por enojo y rabia inconscientes.

La primera puede ser motivada por la depresión: la atención está puesta en uno mismo y no en los demás. Si en algún momento alguien se enoja intensamente por lo general al día siguiente siente una dolorosa tristeza, ya que se culpa por su reacción impulsiva destructiva que no sabe cómo reparar. Hay acciones que van desde "me olvidé de tu cumpleaños" hasta el miedo al abandono que pueden provocar nuestras acciones. Cuando hay mucha rabia, el costo de la culpa es más caro al poner en riesgo una relación que vale la pena salvar del impulso por atacar lo que amamos. Además, está comprobado que las satisfacciones provienen de nuestras relaciones con los demás y que vivir en compañía alarga la vida. Entonces, como el riesgo y el dolor es mayor, una salida es reparar y la otra jugar el juego de la venganza, resulta una lucha de poder donde no hay más que perdedores.

Al perder un hijo hay un tipo de culpa distinta en intensidad y dolor, es persecutoria y claustrofóbica. Los pensamientos obsesivos punzan durante el día sumiéndote en un doloroso sopor. Se combina con la negación que implora detener la tragedia que se desencadenó y suplicamos por otra oportunidad. La condición natural de una madre es morir por su hijo y no que su hijo muera antes que ella. Las madres que pierden un hijo creen que pudieron hacer más y porque no lo hicieron devino el fatal desenlace. Al principio se siente con tal intensidad que literalmente no te abandona y te sume dentro de ti mismo llevándote a tener deseos de morir y pareciera que ese sentimiento no va a terminar nunca. Sin embargo, la intensidad y la frecuencia con que aparecen los pensamientos obsesivos que no se sostienen racionalmente van cediendo de a poco, siendo cada vez más esporádicos. Cuando hablamos de esto con nuestros seres queridos, nos damos cuenta del poco sentido que tienen y de lo inútil que es vivir así. En esta primer etapa nos atacamos constantemente por lo que dijimos y por lo que callamos, por nuestra forma de ser y de reaccionar, por cualquier señal que interpretemos como rechazo o cualquier mirada de lástima. El amor se siente de otra manera y el hastío de los otros también. No nos podemos castigar permanentemente, pues además de esa culpa, también va a ocurriendo una transformación en nuestro interior que nos lleva a valorar más los momentos que compartimos con los demás.

La culpa está íntimamente relacionada con la cultura y con nuestros pensamientos. Digamos que no importan mucho nuestras conductas, la persona prefiere hacer el bien que el mal. La voz de la consciencia es persistente y aunque la podemos olvidar, ella nunca nos olvida. Precisamente es la consciencia la que nos hace diferenciar el bien y el mal. El suicidio te deja un sabor espantoso de fracaso que pinta todo lo que hacemos y juzga el pasado como si fuera presente.

Llegamos a creer que si cambiamos la manera en que pensamos también cambiaríamos el como nos sentimos. Si pertenezco a una generación donde la homosexualidad es considerada como enfermedad, cuando me informo y leo me doy cuenta que esa teoría estaba equivocada y tengo que hacer una adaptación de mi personalidad para vivirlo con naturalidad. También hay personas que toman el suicidio de una manera distinta, sin juicio y con mucha comprensión, como una decisión personal que no se debe ni siquiera cuestionar.

La homosexualidad se debe ver con naturalidad y sabiduría para comprender que la vida sexual solo es relevante para quien la practica, no es determinante para establecer una relación y no permite ser juzgada por alguien que no entiende lo que significa vivir la sexualidad con libertad. Sería valioso pensar de manera lógica y admitir que no se trata solamente de mantener una relación sexual con alguien del mismo sexo sino de vivir una vida acompañado de quien elija.

Las actitudes sociales respecto a la homosexualidad han consentido enormes cambios. Durante mucho tiempo fue considerada un desorden psicológico, una inmoralidad y algo ilegal, consecuentemente los deseos homosexuales eran vividos con mucha culpa. Es cierto que esto ha cambiado según la cultura de la cual hablemos. Lo que una vez fue natural en la cultura griega o precolombina, representa un delito en la inquisición y en todas las dictaduras que cedieron a la iglesia como legislador de la conducta moral. Fue a mediados de los años 70 que se establecieron reglas contra la discriminación homosexual. Las relaciones del mismo sexo tienden a inducir más culpa por la gran prevalencia del SIDA. Pues las enfermedades de transmisión sexual tienen también un tinte moral. En el siglo XIX fue la sífilis y ahora pasa lo mismo con el SIDA. Si uno contagia a otro es fácil entender que se sienta la culpa del sobreviviente. Aunque en realidad no tiene sentido ver la enfermedad como un castigo, así como un niño no es culpable por haber nacido ciego.

La culpa está referida a las acciones y a las personas. Por ejemplo, si en lugar de haber visto esa película hubiera ido al teatro, mi trabajo de filosofía fluiría más pronto y no me hubiera peleado con mi hermana. Esa culpa se relaciona con estar mejor, con alcanzar mayor bienestar y es pasajera. La culpa que se siente en el centro de nuestro ser, que nos atraviesa a todos y nos deja tirados en la lona es la que se junta con el sentimiento de vergüenza.

Me parece que la vergüenza es parte del tabú del suicidio y de la homosexualidad. Tabú es una palabra polinesia que se refiere a la prohibición de conductas. Un objeto tabú es prohibido porque es sucio o sagrado. La identidad del individuo la forma la tribu. En el caso de la homosexualidad se piensa que es algo sucio y el suicidio se condena porque la vida es sagrada: solo Dios la da o la quita; además, todavía la relacionan con enfermedad mental. Romper el tabú puede causar la muerte o el ostracismo. Algunos homosexuales prefieren salirse del grupo social donde no se sienten aceptados aunque no por ello se resuelve la culpa ancestral. Por ejemplo, en la religión judía ortodoxa se entierra a los que se suicidan contra la pared para que a la llegada del mesías este sepa a quién no tiene que levantar de su tumba. La homosexualidad no entra en la misma categoría en todas las épocas, solo en aquellas donde era prohibida por la iglesia; de tal forma que muchos homosexuales trataban de parar sus impulsos formando el clero. Hay que distinguir la homosexualidad de la pederastia, esta última es una perversión y no un consenso mutuo.

La culpa, la vergüenza y la pena de haber cometido algo socialmente censurado son formas de control social, y es así como se han incrustado estas emociones en las creencias culturales y en sus prácticas. Estamos propensos a sentirlas y además estamos vigilados por el grupo al que pertenecemos. Ese control social se ejerce creando chismes; si bien es cierto que el chisme ha jugado un papel muy importante en la evolución de la inteligencia y en el aprendizaje social y cultural, también es el responsable de crear problemas de convivencia y un gran dolor para quién es el centro de las habladurías por la elección de pareja que hacen. Al chismoso no le importa realmente que los individuos se desvíen de las normas establecidas; lo que le parece fascinante es exponer públicamente lo que una persona oculta para crear una conmoción que afecta a quien trató de mantener un secreto para no ser rechazado. El chisme es útil para comunicar información del tráfico, del partido de fútbol o para saber cuáles son los mejores maestros de matemáticas en la universidad. En otros casos, el objeto del chisme se siente evaluado o devaluado y esto puede afectar en la medida que nos importa lo que piensen los demás. En ambos casos, la salida del clóset y el suicidio, son temas sujetos a muchas opiniones y confabulaciones de la sociedad.

Me parece que la vergüenza y la pena se diferencian en cuanto al grado y el tipo de acción que las provocan. Así como nos puede dar pena ir a la fiesta menos arreglados que el resto de los invitados, no sentimos vergüenza por ello. La vergüenza se siente cuando se infringe algún daño a alguien, imaginado o real, y suponemos no debimos haberlo hecho. Da pena que nos vean los calzones y vergüenza no aprobar un examen si alguna vez fuiste maestro de esa materia.

Cada quien es responsable de sus actos y lo que trata de evitar en la convivencia es lastimar al otro. Si la culpa es parte de nuestra naturaleza y tiene buenas razones para serlo, entonces sería mejor que no la rechacemos y no nos peleemos por sentirla. Aceptar la vergüenza como un hecho de la vida nos ayuda para aprender a resolverla de manera más adaptativa, preservando nuestra tranquilidad.

Asimismo, existe la culpa del si hubiera y de la que engolfa al ser. La primera, la entiendo como un persistente estado mental que se mantiene durante el día, el acontecimiento o la época. La provoca un hecho y está relacionada con una pérdida. El "si hubiera" se vuelve parte de los pensamientos, las conversaciones y puede llegar a ser autoflagelante si se vuelve obsesiva. Es decir; si perdemos un trabajo o una apuesta nos sentimos incapaces y por ende heridos en nuestro amor propio. Va de hechos tan simples como quemar el sartén que te regaló tu abuelita hasta el suicidio de alguien amado.

La conducta impulsiva, a veces inconsciente, puede llevarnos a perder algo valioso y en el mejor de los casos nos lleva a reflexionar sobre lo que se pudo hacer de otra manera. Esta culpa va y viene, en grados de persistencia o dolencia, dependiendo de la magnitud del impulso. Es intermitente porque despierta por una canción, una sonrisa o un programa de televisión que evoca lo que no pudimos salvar, lo que no pudimos realizar o alcanzar, lo que hicimos mal. La omnipotencia nos pega más fuerte porque no siempre podemos cambiar el rumbo de lo que ya se había germinado. Con la premisa de que nada ocurre de repente quedamos expuestos a condenarnos en el preciso instante en que se echa a andar lo que hicimos sin pensar o por negar. La culpa innata se tropieza con eventos que la disparan y que se gestan durante los tres primeros años de vida. Vivimos sorprendiéndonos de las diferencias que percibimos y expectantes de los acontecimientos que parecen fluir frente a nuestros ojos: vamos a la escuela, conocemos niños, creemos que la culpa la tiene otro. Como decía

Melanie Klein es la culpa que proyectamos, pero es nuestra y nos causa ansiedad. Entonces, durante los primeros tres meses el bebé nos avisa de su miedo con el reflejo del moro.

La culpa por lo que soy en esencia se reactiva al enfrentarnos a la cultura, sus reglas, sus prohibiciones, sus prejuicios e ignorancia; a esa terrible tendencia de estar etiquetando a los demás y tiene relación con el lamento por no ser el preferido, el distinguido o el esperado. Es el sufrimiento por ser infieles, mentirosos, mujer, hombre, homosexual o transgénero. Digamos que va directamente a pinchar la imagen de lo que creemos que somos, la imagen que tenemos construida en la mente de **soy**. Por ello hablo la culpa-vergüenza a la que ya me referí anteriormente.

La vida tiene reglas: no podemos tener dos esposos, tenemos elegir el primer oficio para trabajar, los adolescentes están bajo la cautela de los adultos, si me retiro joven tengo más posibilidades de sentir miedo de vieja. Digamos que tiene un precio: si nos casamos, la fidelidad; si no trabajo no como; para salir tengo que pedir permiso. Las emociones dejan cicatrices, a veces se presentan experiencias que vuelven a tocar el mismo lugar, eso puede ser la señal que necesitamos para tratarla con un profesional.

También hay culpa inducida como una forma de manipulación o por preocupación. Es la que le provocan los padres a los hijos para enseñarlos a empatizar. Induce a los hijos a ser más atentos o complacientes con sus deseos. Inducir culpa puede ser trivial o serio, real o fabricado, justificado o injustificado. Puede ser sutil: "Hace mucho no me has hablado"; teatral: "Me muero si te vas"; provocador: "Yo te cuidé cuando estabas mal y mira tú." Las comparaciones como "Él sí me habla por teléfono y tú no" o amenazar con la salud para conseguir algo, "Si no vienes a verme me mato." Los hijos también inducen culpa en sus padres por no ser como la mamá de su amigo o por querer algo que tiene su compañero y él no. En general los reclamos sirven para inducir culpa y se pagan con resentimiento que no ayuda a mantener una relación.

Definitivamente la gente deprimida, sola, triste o asustada necesita ayuda y empatía. Sin embargo, el juego de la víctima manipuladora puede ser una táctica agresiva y cuando se anclan en esa conducta, se vuelca a ellos mismos convirtiéndose en algo autoagresivo. Los padres inducen culpa para que los hijos ayuden en las tareas de la casa, "¿No me vas a ayudar después de lo cansada que llegué del trabajo?" La intención no es lastimar, sino hacerlos conscientes del significado de gratitud que tanto tarda en llegarle a los hijos. Por eso los padres que inducen la culpa no se sienten culpables, creen que lo hacen por el bien de sus niños aunque no sirva para educar.

Que existan personas más propensas a sentir culpa tiene que ver con el conocimiento y las creencias innatas. Se sienten socialmente más vulnerables y menos valiosas, de ahí que sus relaciones con los demás son menos satisfactorias. En estos casos la culpa se va fijando como una característica de la personalidad y la desconfianza es una de sus consecuencias. Si todo los hace sentir culpables, alejarse de relaciones íntimas se transforma en una de sus defensas.

Hay tantos tipos o formas de sentirse culpable que cuando uno la trata de comunicar no alcanza a transmitir el terrible dolor que se siente; hay pérdidas muy complejas que se forman de culpa, arrepentimiento y vergüenza. Este dolor innombrable es complejo y toca muchas fibras acerca de quién soy, qué no hice o qué hice mal.

Me parece que la vergüenza se relaciona con el concepto que inventaron los ingleses que residieron en China "save face". Esta expresión significa mantener el honor, la dignidad, el prestigio o el cariño de los otros. Lo que se traduce en esta metáfora es que evites la humillación y la desgracia. El error que cometen rompe sus creencias internas, cumple sus miedos, temen mostrarse abiertamente ante los demás y puede resultar en mentir para minimizar el daño o el dolor (a otros o a sí mismos) como una forma de exponerse ante el mundo. Sin duda tiene relación con mantener la reputación social. Esto es individual y cultural. Para algunos, "perder cara" puede ser que sean descubiertos por la amiga de su esposa abrazando a otra mujer; así como para otros, puede ser exponer su homosexualidad.

Es normal sentir vergüenza. Se trata de un mecanismo adaptativo que genera culpa sana y te permite aprender de la experiencia; es una emoción pasajera porque finalmente lo que se muestra con ello es una parte de ti mismo poco valiosa que salió de manera inconsciente. También existe otro tipo de vergüenza donde nos damos cuenta de nosotros mismos, nos sentimos alienados, deficientes, indefensos como seres humanos. Pasó algo en la vida que no se puede cambiar, consciente e inconscientemente, está ligada a otras situaciones y partes de la personalidad que antes pasaban desapercibidas por nosotros. En esos casos no hay acción alguna que alcance a reparar el balance de la vida. La vergüenza por la identidad significa que hemos perdido el valor como seres humanos, nos vemos inferiores y pensamos que somos un error.

En el caso de la muerte de un hijo por suicidio, la vergüenza se puede sentir como el fracaso de no haber podido salvarlo, sumado a la idea de que otros culparán a la familia por la tragedia. Aunque esta vergüenza sea irracional, la identidad se pone en riesgo por no haber sido buena madre, porque para que alguien se quite la vida necesita haber vivido, en la infancia o adolescencia, un evento traumático que no se pudo resolver.

Infinitas son las ideas que se piensan cuando se suicida un hijo, son suficientes para terminar un matrimonio, una amistad y la vida de alguien más. Hace poco conocí a una pareja que había perdido a su hijo, a este chico le gustaban las actividades riesgosas y transitaba entre la vida y la muerte, tuvo un ataque de angustia, se hospitalizó voluntariamente y pidieron mi opinión. Les comenté que me parecía inminente que lo llevaran a la casa paterna a recuperarse y a una clínica de rehabilitación que tuviera un programa completo y efectivo pues me parecía que el riesgo era real. La adicción a las drogas de este joven lo tenía ansioso, paranoide y muy deprimido. Mientras les daba mi opinión tuve la impresión que ninguno de ellos quería tenerlo en casa de regreso, que minimizaban su adicción y no estaban dispuestos a tomarse el tiempo y la dedicación. La madre, directora de la carrera de psicología en Nueva York, había escrito en sus memorias sobre su gran capacidad materna y devoción. Sigue en el proceso de negación y queda pendiente si ese momento de vergüenza le va a llegar en algún momento porque no todas las personas reaccionan de la misma manera. Lo que es cierto, es que la muerte de un hijo te lleva por caminos que nunca pensaste andar. No quiero decir que tener dos hijos adictos la haga ser mala madre, ni tampoco quiero decir que porque no se lo llevó a su casa se suicidó, pero el golpe para ella fue como "no salvar la cara". Y es que el suicidio puede ser humillante, puede llevarte a pensar las peores cosas de ti misma y de las personas que están alrededor.

Casi inmediatamente después de cometer un error, la persona se da cuenta que lo pudo haber evitado, no entiende de bien a bien su reacción, pero alcanza a ver en el aumento de su angustia o en el lenguaje no verbal del otro, lo que hizo mal. Son pocos los días donde no pienso qué pudo suceder si algo de mí hubiera cambiado, si me hubiera dado cuenta antes de lo grave que estaba mi hijo. Para los padres siempre hay la posibilidad de un nuevo tratamiento, una medicina que está en su fase de doble ciego, reprocharse porque le faltó hacer la pregunta certera que pausara el suicidio o lo que sea que hubiera prolongado la vida de su hijo. La exigencia y persistencia sobre lo que se hubiera podido hacer para evitar que los hijos sufran, nos puede llevar a tener pensamientos obsesivos circulares sin puerta de salida, como para algunos puede ser la bebida o para otros el encierro, por ejemplo.

¿Podíamos haber prevenido la situación? Es una pregunta que me hago constantemente y que la aderezo con las maneras en que pienso debí actuar. Lo que más culpa me genera es que nunca imaginé que mi hijo, el valiente, talentoso, divertido y amoroso, tomara esa salida o viviera con tanto dolor. Después de una tragedia, por lo general pensamos que lo hubiéramos hecho mejor bajo circunstancias personales diferentes. Aunque olvidamos que si no hubiera sido por el suicidio no estaríamos teniendo estos pensamientos. Los problemas se piensan diferentes después de haber sufrido una conducta así de trágica. He escuchado muchos casos de personas que se suicidan después de perder un trabajo, una fortuna o una pareja. No es el evento lo que lo precipita sino la sensación de impotencia, dolor y vergüenza por tener que enfrentarlo y vivir creyendo que has fallado. Esto tiene relación con los ideales que nos transmitieron sumados a los que nos trazamos en nuestra vida.

Después de un evento vergonzoso nos enojamos con nosotros mismos pues adquirimos una consciencia distinta de nuestras acciones. Los dolores emocionales atacan el pensamiento en distintos grados, puede ir desde la confusión o la psicosis dependiendo de la personalidad, del evento y de las repercusiones que la experiencia vergonzosa tiene en la vida del sujeto. Dentro de nosotros sabemos la verdad o hacemos una introspección honesta de lo vivido. A partir de ese instante podemos hacer una reflexión, pero primero tenemos que decirnos la verdad y ahí comienza la elaboración del duelo.

Es más fácil pretender que todo va bien y asumir el papel de víctima que conciliar los hechos con la realidad. Para estar mejor tenemos que procurar darnos cuenta quiénes somos, cuáles son nuestras limitaciones y aceptarnos con todo lo que significa ser uno mismo. Un buen comienzo es empezar a entender qué hacemos, qué decimos y la manera en que nos relacionamos con las personas amadas. El primer paso para recuperarnos de la culpa patológica es reconocer los síntomas, nuestras emociones y nuestros pensamientos. Tenemos que ser magnánimos con nosotros mismos y reconocer nuestros errores que pueden ser una invitación a entender y registrar como el amor y el libre albedrío está en nuestro interior y es nuestra responsabilidad.

Una pérdida de semejante magnitud genera un ambiente incómodo para todos, de ahí que el grupo social que te ama, te empuja suavemente a salir de ese estado de reclusión pensativa y silenciosa a la que optamos cuando el golpe es tan duro. Recibimos visitas de nuestra familia y amigos que al parecer esperan nos recuperemos pronto y retomemos la vida. Así lo hice yo, me hice la fuerte y como comprobaron en el primer capítulo no me funcionó y entendí que el duelo tarda lo que debe tardar. La duración, la intensidad y sus manifestaciones son proporcionales al amor que le teníamos al muerto y al tipo de relación que habíamos cultivado con él. No es lo mismo el duelo que hacemos por las personas que un día fueron pareja o amigos que cuando alguien de la familia muere. Cuando se pierde la pareja se requiere desprender de nuestros recuerdos, de cada imagen que tenemos del vínculo, de cada ritual que compartimos y lo que representaba esa persona para nosotros; mientras más años juntos más difícil es este proceso porque todo recuerda al compañero, pero llegas a conformarte porque el futuro ahí está. Sin embargo, cuando se pierde un hijo nunca se deja de sufrir la pérdida.

Tu quisiste mudarte, mi vida. Querías esconderte y suicidarte. Buscabas ocultarme tu dolor. Viviste experiencias en las distintas etapas de la vida como le sucede a cualquier persona. Yo te lo decía, pero el costo del rechazo que sentiste a los once años fue muy profundo y continuó hasta que te atreviste a salir del clóset. Ahora entiendo que, para ti, ser homosexual fue como perder cara; sobre todo cuando en la realidad perdiste amigos que pensabas cercanos y eso fue una tremenda decepción.

¿Cómo abordar estas fuertes y dolorosas emociones?

Hay que enfrentarlas en el momento en que nos sintamos fuertes y confesarnos todo lo que fallamos, lo que nos arrepentimos y lo que pensamos nos faltó hacer. Sólo cuando lleguemos a entender a profundidad lo que perdimos por esa experiencia, podremos perdonarnos. Toma tiempo, sirve hablarlo con otra persona y sacarlo de la cabeza, supone darte la oportunidad de que alguien te consuele. Una persona especial que no te juzgue, que te contenga o te ayude a aprender a vivir con ello, porque estamos en una fase tan vulnerable que nos podemos retraumatizar si se lo contamos a quien llegue hacer conclusiones descalificadoras. Por supuesto, sin intención de lastimarte, pero eso es lo que les brota a algunos con las tragedias de los otros. No tiene que ver con el doliente porque las circunstancias solo él las sabe.

Muchas parejas que pierden un hijo corren el riesgo de culpar al otro, eso es lo más deleznable que puede ocurrir. No es culpa de nadie, es responsabilidad o enfermedad de quien tomó esa salida a su dolor y los demás, somos de alguna manera responsables por nuestra ignorancia o por la propia negación.

La vida es un abanico de posibilidades. Si se comprueba que el libre albedrío no existe, que todo está conformado en el DNA y que el azar nos desvía del camino, para luego retomarlo y seguir con nuestra misión, no hay mucho más que pensar. Entonces debemos dejarnos llevar por donde la vida nos indique poniendo menos resistencia y pesar. Pero si no es así, nos inventamos una vida que quisiéramos tener, mientras más planeada más frustración. Por eso los obsesivos sufren tanto porque las cosas salen como salen y no se pueden controlar. Podemos tener conductas que no nos metan en problemas, pero para conseguirlo necesitamos de un profesional que nos enseñe a encontrar mejores maneras de resolver una situación difícil. Pienso que no podría escribir este tema sin mi formación, sin todos los años de análisis que invertí para aprender una manera de vivir mejor y darle cauce a la curiosidad que tuve desde pequeña acerca del dolor mental.

El proceso de duelo es bastante lento y agobiante, no es claro el principio ni el final; aparece de sorpresa, como la muerte. Las personas parecen extrañarse de todo el dolor y desesperanza que exudamos. No se dan cuenta que la pregunta ¿cómo estás? nos lleva a los dolientes a pensar lo mal que nos sentimos y la fuerza que necesitamos para murmurar "Todo bien, gracias." Los que te aman, sienten cuando estás mal.

Las pérdidas se viven internamente de la misma forma que una chuza, la pelota pega en el centro, los pinos se mueven, pierden el equilibrio y en cámara lenta, muy lenta, uno a uno van cayendo hasta escuchar el estruendo, equivalente al derrumbe del doliente. Cada uno de esos pinos representa algo que se movió en nuestra vida con el impacto de la pérdida. A veces, el tiempo del zarandeo es grande, por eso necesitamos protegernos de cualquier otra cosa que nos pueda lastimar. Las personas nos escondemos de los demás porque sabemos que la tristeza angustiosa del duelo se irradia y no tenemos mucho que contar.

Las personas muestran su culpa mediante distintas conductas: algunos se preocupan por alcanzar logros que demuestren son valiosos; otros se muestran serviciales al extremo y ayudar a sus semejantes a resolver sus problemas se transforma en una prioridad; hay quienes se exceden tratando de demostrar que vale la pena su amistad; otros más se la pasan pidiendo perdón y se obsesionan con hacer todo bien. También existen los que se culpan de todo, los que viven con ansiedad, los que están muy pendientes sobre lo que piensan los demás de él y son personas que no toleran discutir, pelearse o que alguien se enoje con ellos. Todas estas maneras y otras más nos muestran que la persona se siente culpable y que está sufriendo. No importa si somos amables, egoístas, amorosos, juiciosos, agradables o enojones, todos cometemos errores y eso que olvidamos o evitamos causa mucho dolor e indefensión.

La alternativa que nos queda es ser responsables de nuestras acciones y reacciones para convertirlas en autoconocimiento, pues la opción que queda es autoculparnos el resto de la vida, victimizarnos y pasarla mal. Necesitamos aceptar ese algo que está en nuestro interior y que nos atormenta para no culpar a otros por nuestros problemas o atribuirlos al destino, para no confundir los hechos o pensarlos en blanco y negro. Podemos negar la realidad; todas son formas que nos dicen del estado mental del doliente y del peligro que se vuelva patológica la culpa que siente. No sabemos por qué las cosas pasan pero estamos seguros que son multifactoriales, que hay muchos coprotagonistas en las pérdidas y son muchas las formas de transmitir el dolor interno. Los cómplices silenciosos saben que tienen cierta responsabilidad por su forma de ser o de pensar y deben transformarse para alcanzar la tranquilidad. El evento puede ser un divorcio, un suicidio, la discriminación, el racismo o la homofobia, pero son las consecuencias emocionales las que necesitamos comprender para transformar la culpa en aprendizaje.

Para la recuperación de la muerte de un ser amado necesitamos encontrar los elementos de la relación que han sido guardados y no ventilados en mucho tiempo. La honestidad con nosotros mismos puede ser muy dolorosa, pero a fin de cuentas somos personas y la relación que tuvimos con el que murió no fue siempre un lecho de rosas. Aceptar nuestros sentimientos y fragilidad nos puede abrir la puerta para reconfortarnos a nosotros mismos. Lo importante es sanar, es perdonarnos para poder seguir. Por eso, cuando la reflexión nos da una tregua necesitamos cultivar la compasión. La vida es dolor, pero es la compasión la que nos permite continuar viviendo. Perdonarnos es un acto de compasión y un proceso que toma tiempo. En el Budismo se dice que el sufrimiento existe específicamente para enseñarnos el sentido de la compasión; me parece que sus enseñanzas le ayudan al doliente a sanar.

Un ejercicio efectivo[24], que realicé años después de la muerte de mis padres y de mi hijo, fue escribirles una carta sobre todo lo que perdí con su muerte, pues con ellos se fueron los planes, los proyectos y la esperanza

---

[24] The grief recovery handbook.

puesta en la relación. Traté de plasmar mi vínculo con ellos, las fases por las que pasamos juntos, los pleitos, los desacuerdos y los momentos que vivimos con mucho amor. Escribí lo que me hubiera gustado decirle a cada uno y no supe expresarlo en su momento, también lo que me faltó hacer para transformar la relación en algo mejor. No soy muy afín a este tipo de ejercicios, pero después de hacer otros intentos para alivianar la culpa de la que estaba aferrada quise tratar algo nuevo. Era una oportunidad para completar una relación que había sido truncada por la muerte, me hice muchas preguntas y me dormía pensando en ellas. Me confronté con mis miedos y mis acciones, con mis silencios y mis negaciones. Al escribir llegaron muchos recuerdos más, por las noches evocaba diálogos que habíamos tenido y continuaba hablándoles sobre mi arrepentimiento, mi dolor, mi culpa. Esas pequeñas y grandes cosas que quedaron sin decir. La muerte no es un solo evento, perdemos esperanza y sueños con la persona que ya no está, perdemos la cara y una parte de nuestra visión del futuro, perdemos la oportunidad de reparar. Reconstruí la relación e hice un recuento de todo lo que dije y me faltó decir. Es un ejercicio de asociación libre, sin filtros, haciendo el papel de juez y parte. Dejé divagar mi mente para identificar mal entendidos o eventos memorables. Lo importante era no intelectualizar, no juzgarme o limitar mis recuerdos; al mismo tiempo era importante circunscribirlo en cada relación, en su particular forma de ser y en lo que significó ser la última de los hijos y la madre de un genio. Identifiqué los aspectos negativos y positivos del vínculo, pues se conforman de cosas buenas y malas, ciertas o equivocadas, dulces o amargas. Recorrí mi infancia y mi adolescencia con ellos así como el tipo de lazo que construimos al final. Reconstruí la vida de mi hijo desde que nació.

Pedí perdón por lo que hice o dejé de hacer tratando de no juzgarme y al mismo tiempo concedí que es posible culpar a otros por nuestros errores y así ser víctimas de sus actos; eso es fundamental transformarlo para poder respirar. Me di cuenta con plenitud del dolor de mi hijo y de mi incapacidad para comprender todo lo que estaba pasando en su interior. Esa carta se convirtió en un libro y me ha ayudado a digerir el golpe tan fuerte de perderlos; el hueco ahí sigue pero me otorgó la posibilidad de reencontrarme con ellos de una manera distinta. También pude entender y sentir que mi hijo lo había decidido y mi papel era respetarlo. Él tenía la suficiente madurez, era muy inteligente, había tratado diferentes tipos de terapias y así lo planeó. Se detuvo algunos años por nosotros hasta que sintió que no podía más con su tormento. Tuvo la generosidad conmigo de protegerme de su sufrimiento y de asumirlo por completo, desafortunadamente para mí. Fueron muchas los temas de los que hablamos antes de que diera el salto: mi divorcio, mi forma de ser mamá, el impacto que tuvieron las acciones de su padre en sus relaciones con los demás, como el amor con que lo rodeamos sus hermanos y yo fue su roca y se sentía agradecido por ello. Continúo hablando con él porque es mucho lo que me falta decirle. El duelo por estos amores dura un largo tiempo y en las relaciones más importantes nunca hay una última palabra.

El duelo por un hijo y por los padres no tiene un punto final, duele siempre y cada cena familiar, cada fiesta, cada día sin hablar con ellos llega a ser escalofriante. Duele más con el tiempo porque se les extraña más, para eso sirven las fotos, los recuerdos y la posibilidad de seguir monologando con ellos. No creo que eso vaya cambiar, no concibo una fiesta o reunión familiar sin él, por tanto en mi mente está invitado, me acompaña y le platico lo que hago. Pero quedan otras emociones con las que tenemos que lidiar para llegar a sentir tranquilidad. El duelo es un trabajo que requiere de nuestra energía y paciencia, de saber que de tanto en tanto caeremos en la desesperación, de una manera distinta pues la resignación ha llegado.

Las personas que se suicidan son muy valientes y la trayectoria de mi hijo también lo fue. Su forma de defender sus ideas de manera apasionada y bien informada era maravillosa, los maestros lo escuchaban y sus pares querían aprender de él. Por si fuera poco, salió del clóset y trató de vivir su vida con libertad. Residió en tres países y dos continentes; amó y sufrió porque este niño nació con una intuición especial, con gran sensibilidad y una mente muy avanzada para su edad. Ahora pienso que cuando uno nace viejo no tiene que pedir permiso para morir. Además, me lo dijo y creo que ahora lo entiendo, mi niño nació viejo y se despidió joven de todo lo bueno y lo malo que vivió.

Lamento no lo hayan conocido personalmente.

Espero lo hayan vislumbrado a través de mi relato.

Deseo que nuestra experiencia sirva de ayuda, consuelo y entendimiento.

Epílogo

> *He was the most unusual of humanity—who are easily and much loved by all who meet them—Of course, central to this suffering was his sexuality that, as a gay man, got all mixed up with being loved, accepted, having permission to love others and battles with his self-worth.*
>
> *James Lee, Meditation Teacher*

Mi hijo fue una víctima de la sociedad y la cultura. Nació distinto al promedio en inteligencia y en lo convencional por ser homosexual. Soy testigo de su extrema sensibilidad. Me hizo sospechar y pensar que saldría del clóset en la adolescencia cuando hiciera pareja. Desde pequeño en la escuela escuchó que a los hombres les tienen que gustar las niñas; de adolescente, vivió entre chistes contra homosexuales en un grupo que considera la homosexualidad como una enfermedad mental; y por si fuera poco, afirmaban que los homosexuales hombres se parecían a las niñas y se asqueaban del sexo, les llamaban: maricones, putos, marica, niña. Los niños jugaban fútbol y si no les gustaba eran rechazado por el grupo de los populares. Creció en un ambiente homofóbico y racista. Trató que le gustaran las niñas y estableció relaciones con varias que querían formalizar pero él no quería lastimar a nadie. Debido a su homosexualidad, ya siendo adulto, vivió el rechazo de su comunidad y también le tocó pertenecer a empresas donde los gay eran discriminados e incluso estigmatizados.

Primero lo rechazó silenciosamente su padre y su comunidad. Era muy frustrante para él que su idea de pareja no fuera aceptada dentro de su generación. Pretendía una relación monogámica permanente, pero la gente que conocía en bares y por aplicaciones solo buscaban belleza y anonimato. También se encontró con muchos hombres que tenían una familia de aparador y sostenían relaciones homosexuales ocultas. Fue parte de una generación de botox, superficialidad y relaciones a la carta, propias de la postmodernidad. Decepcionado y frustrado del mundo gay promiscuo de San Francisco sufrió de soledad por no encontrar alguien tan generoso, amoroso y fiel cómo él.

Se mudó a San Francisco pensando que era el mejor lugar para salir del clóset, se hizo amigo de dos importantes científicos y trabajó con ellos. Al principio vivía en ese paraíso donde todos son iguales hasta que pronto se dio cuenta que en esta ciudad no hay comunidad gay; solo una intensa actividad sexual donde no existe el concepto de matrimonio y mucho menos dentro de los hombres. Provenía de un ambiente familiar continente y se enfrentó con otro grado de discriminación. Nunca regresó a México porque ahí había sufrido mucho al crecer y tampoco estaba contento en medio de la frialdad americana comparada con la calidez mexicana.

Mi hijo fue una víctima más de esta sociedad de doble moral que etiqueta a todas las personas y las agrupa caprichosamente.

www.ingramcontent.com/pod-product-compliance
Lightning Source LLC
Chambersburg PA
CBHW030323080526
44584CB00012B/690